Gastvrij
in
hotel, café en restaurant

een nieuwe uitdaging

door

Peter Joh. M. Zuidweg

INHOUDSOPGAVE

Paginanummer: **Omschrijving:**

4   Inleiding

6   Gastvrijheid

14   Het begrip "Service"

16   De gast
Gasten uit de privésector – gasten uit de toeristen- of vakantiesector – gasten uit de zakensector – gasten die een bijzondere benadering nodig hebben – geen belangstelling – de eigen naam van de gast – de gast observeert – de benadering van gasten – gouden regels voor de gast – tips voor gasten - nog wat tips voor gasten – tafelrangschikking – de gast en de uitnodiging

45   Gastheerschap
De juiste aanleg en instelling

53   Gastheer, geboren of gemaakt ?

55   Gastheer, zwak of sterk ?

60   De gastheer en de omgang met gasten

68   De gastheer en de techniek van verkopen
De technieken - het kunnen onderscheiden van kleine details - opgewektheid – vriendelijkheid – hoffelijkheid – sympathie tonen – minderwaardigheidsgevoelens – vertrouwen schenken - vragen stellen – kritiek kunnen verdragen en uitoefenen – het kunnen adviseren – klachten behandelen – bezwaren oplossen - het kunnen luisteren

86	**Gastheer en gezegden**
	Spreuken uitdrukkingen en gezegden
92	**Slotwoord**
93	**Bijlagen:**
	Overzicht gebarentaal voor doven - het brailleschrift

In de horeca en andere dienstverlenende bedrijven werken mannen en vrouwen. Niet overal in dit boek zal dit naar voren komen De lezer wordt verzocht om overal waar dit van toepassing kan zijn zal dat in het boek voor man ook vrouw, voor gast ook gaste, voor hij ook zij, voor hem ook haar, voor vakman ook vakvrouw en voor gastheer ook gastvrouw te lezen

INLEIDING

Met anderen omgaan is evenzeer een kunst als schaken, voetballen of tennissen. Twee dingen zijn nodig om een goed schaker, voetballer of tennisser te worden, te weten:

1. **Een grondige kennis van de regels van het spel ;**
2. **Een voortdurende training en oefening ;**

Zo is het ook met de kunst van de omgang met anderen. We dienen vooraleerst bepaalde gedrags- en omgangsregels te leren kennen. Deze gedrags- en omgangsregels zijn niets anders dan praktische gevolgtrekkingen uit psychologische stellingen betreffende de mens. Vervolgens dienen wij deze gedrags- en omgangsregels te gaan toepassen in de praktijk.
Door herhaaldelijk en regelmatig te handelen volgens die regels, verkrijgen wij steeds meer vaardigheid in de toepassing ervan. Die bepaalde handelswijze wordt op den duur meer en meer een 'gewoonte'.
Eerst dan kunnen wij naar eerlijkheid en waarheid zeggen dat we de kunst om met anderen om te gaan werkelijk machtig zijn. Iedereen is in staat die kunst te leren, zoals iedereen kan leren schaken, voetballen of tennissen.
Hoever iemand het in die kunst zal brengen, hangt in hoofdzaak af van de mate van training en oefening die men zich getroost. Een behoorlijke vaardigheid in de kunst van de omgang met anderen is voor iedereen bereikbaar en .... tevens onmisbaar. Er zijn weinig kundigheden in het leven welke nuttiger en noodzakelijker zijn dan de bekwaamheid om met anderen om te gaan. Wie die bekwaamheid bezit zal zelden botsingen, conflicten of ruzies hebben met anderen.
Men zal vervolgens meer behagen, meer in de smaak vallen en overal welkom zijn. Als gevolg daarvan zal men ook gelukkiger zijn en men zal meer succes hebben in het werk en leven, want

succes hangt voor een groot deel af van de medewerking van anderen.
Zelfs de geestelijke en lichamelijke gezondheid vaart er wel bij, men voorkomt ergernis, de opwinding en de zenuwinspanningen, welke gewoonlijk gepaard gaan met botsingen, conflicten en ruzies en welke hoogst nadelig zijn voor de gezondheid.
Voor ieder van ons, die leeft en werkt te midden van anderen , is het van het grootste belang zich te bekwamen in de kunst van de omgang met anderen.
Met dit boekje "*gastvrij in hotel, café en restaurant*" wil ik dan ook trachten de eerste aanzet te geven tot een betere verstandhouding met de omgang met anderen.

Peter Joh. M. Zuidweg
Docent Horecaopleidingen en Dienstverlening

GASTVRIJHEID

Gastvrijheid ! Een begrip dat de laatste jaren weer in de schijnwerpers wordt geplaatst, hoewel het al zo oud is als de weg naar Rome. Horeca-instituten en horecaopleidingen, vakscholen, vakorganisaties en vakpers besteden er nu alle aandacht aan. Speciale symposiums worden belegd. Onderzoeken naar het fenomeen worden gedaan en universitaire studies worden uitgevoerd. Normen en waarden staan weer op de agenda.

Wie het woordenboek openslaat leest dat "gastvrijheid" wil zeggen:

.... iemand gul onthalen'
.... het herbergen van gasten'
.... gulheid in het onthalen'
.... opgenomen worden als gast'

Hieruit valt dus af te leiden dat gastvrijheid niets heeft te maken met rang of stand. Echte gastvrijheid is afhankelijk van een bepaalde persoonlijkheid en niet van persoonlijke middelen of geld. Wie zo de discussies over gastvrijheid leest, komt tot de ontdekking dat er vele ideeën over bestaan. Voor de één betekent het een goede ontvangst, voor de ander een juist geserveerd menu met de juiste wijn daarbij, en weer voor een ander een goede kamer die van alle gemakken is voorzien.

Reeds in vroeger eeuwen werd gastvrijheid aangeboden en ook in de Bijbel wordt gastvrijheid aangehaald en beschreven.
De gastheer deed het toen onzelfzuchtig. De gast werd dan ontvangen in het eigen huis en vaak nog zonder betaling.
De gastheer is echter niet meer de gastheer van vroeger, maar een organisator van gastvrijheid waarbij de gast zal dienen te betalen voor de aangeboden diensten. Uiteraard zal die gastvrijheid dienen te voldoen aan de basis- en normbehoeften en

gevoelens van die gast. Het fundament van deze behoeften en gevoelens worden dan ook in twee groepen verdeeld. (Zie hiervoor overzicht **A**)

Iedere ondernemer die kan voldoen aan die behoeften en gevoelens, zal gastvrijheid kunnen leveren in overeenstemming met de aard van zijn bedrijf, dat wil zeggen dat hij aan een specifieke behoefte, in een bepaalde situatie, tegen een bepaalde prijs, de gast een '*gastgevoel*' of '*home-feeling*' kan geven. (Zie hiervoor in overzicht **B**)

Gastvrijheid ondergaat de gast. Dat ondergaan van gastvrijheid kan zowel harmonisch als disharmonisch uitpakken. Ondergaat de gast(e) het harmonisch, dan kan men spreken van gastvrijheid. Bij disharmonie kan men dan spreken van ongastvrijheid.
De juiste gastvrijheid komt dus tegemoet aan het verwachtingspatroon en de doelstelling van de gast(e), met andere woorden: iedere gast(e) ondergaat gastvrijheid anders. Wat voor de één gastvrijheid betekent, kan voor de ander ongastvrijheid betekenen.
Gastvrijheid wordt door de ondernemer aan de gast aangeboden, de gastheer of gastvrouw brengt die gastvrijheid bij de gast(e) en de gast ontvangt deze. Gastvrijheid brengt dus ondernemer, gastheer en gast tot een onderlinge verbondenheid. (Zie hiervoor overzicht **C**)
Gastvrijheid van de ondernemer bestaat uit een aantal essentiële punten, te weten:

een goede en juiste voedselproductie
goede en juiste verkooptechnieken
goede en juiste administratievormen
een goede interne organisatie
een goede externe organisatie

Dit alles gedragen door een goed management en team - de juiste man op de juiste plaats - zal een tevreden gast opleveren.

Gastvrijheid is voor de gast het verkrijgen van de nodige aandacht, die dan afgestemd zal zijn op zijn of haar behoeften van het moment en situatie van de dag. De gast zal gastvrijheid ervaren vanuit het gedrag en de houding van de gastheer of gastvrouw en de aandacht die aan hem of haar besteed wordt door ...

... de manier van ontvangst
... de wijze van bediening
... de zorg en de aandacht
... de wijze van uitgeleide

Ook het interieur, exterieur, de spijs- en drankenkaart, de prijs is er dan ook een onderdeel van. Gastvrijheid wordt door de gast reeds in de eerste minuten van zijn of haar binnenkomst bepaald.

Één van de belangrijkste eigenschappen van gastvrijheid in het horecabedrijf in zijn volle omvang is altijd geweest - en is het nog steeds - het dienstverlenende karakter.
Gastheren die gastvrijheid (aan)bieden, is geenszins iets minderwaardigs, zoals velen propageren. Die minderwaardigheid hangt alleen af van de manier waarop die gastvrijheid wordt uitgeoefend.
Goed geschoold en opgeleid personeel vindt in de gehele wereld zijn weg en toekomst. Velen brachten en brengen het in het buitenland erg ver. Zij hadden de durf en het élan om in die gastvrijheid uit te blinken.

In onze hedendaagse tijd, waarin het toerisme zich hoe langer hoe meer en sneller ontwikkelt, krijgt gastvrijheid een extra dimensie. Goede en juiste gastvrijheid, waar het onderlinge verkeer in het internationale horecabedrijf zo'n intense behoefte aan heeft, is in onze genivelleerde wereld iets onbekends en ongekends geworden. Zelfs de beleefdheid van mens tot mens kreeg een behoorlijke knauw, wat niet wegneemt dat het internationale horecabedrijf, met juist het toerisme achter zich, er absoluut niet buiten kan.

Toeristen zullen zich steeds sneller, comfortabeler en voordeliger over de wereld verspreiden. Dit houdt in dat ook de horecabedrijven, ondernemers en in het bijzonder de zogenaamde "*contactfunctionarissen*' , zich aan internationale opvattingen en omstandigheden moeten gaan aanpassen.

Het internationale horecabedrijf zal steeds meer gasten uit alle wereld- delen ter wille moeten zijn in hun wensen, die vaak worden ingegeven door persoonlijke smaak, cultuur, landaard, ras en levensgewoonten.

Dit volgens de regels der kunst te kunnen doen en uitvoeren is allesbehalve eenvoudig. Het vereist veel en veel meer dan buitenstaanders verwachten.

OVERZICHT A

HOTEL – CAFÉ – RESTAURANT

A. Gasten die *moeten*

- # Zijn **eisend** ingesteld
- # *Moeten* onderdak hebben
- # *Moeten* hun dorst lessen
- # *Moeten* hun honger kunnen stillen
- # Het *moet* lekker zijn
- # Het *moet* genoeg zijn
- # Het *moet* goed zijn
- # Het *moet* lekker zijn
- # Het *moet* direct gegeven worden

Als aan dat *moeten* met tact en inzicht tegemoet wordt gekomen dan is de gast, zowel fysiek als psychisch, een tevreden gast

B. Gasten die plezier willen hebben, iets te vieren hebben of rust willen

- # Niet eisend ingesteld
- # Willen lekker slapen
- # Willen lekker drinken
- # Willen lekker eten
- # Het is lekker
- # Het is genoeg
- # Het is goed
- # Het is op tijd gegeven
- # Het geeft een tevreden gevoel

Als door het horecabedrijf aan hun wensen tegemoet wordt gekomen dan is de gast, zowel fysiek als psychisch, een tevreden gast.

OVERZICHT B

Een gast met behoefte op het gebied van slapen, eten en drinken

- \# De bedrijfsformule dient goed te zijn
- \# De bedrijfsservice dient optimaal te zijn
- \# Het bedrijf dient tegemoet te komen aan de normbehoefte van de gast
- \# Er moet een goed gevoel zijn van gastvrijheid, gastgevoel en home-feeling
- \# Voorop dient een goed gastheerschap te staan
- \# Niet alleen medewerkers 'vóór de schermen', maar ook de medewerkers 'achter de schermen' hebben hun rol daarin

Als aan bovenstaande punten tegemoet kan worden gekomen dan heeft het betreffende horecabedrijf een tevreden, maar ook een vaste gast in huis.

OVERZICHT C

GASTVRIJHEID

Gastvrijheid brengt ondernemer, gastheer en gast tot een onderlinge verbondenheid

ONDERNEMER

▼

GASTHEER

▼

GAST

HET BEGRIP 'SERVICE'

Onder het begrip **'service'** wordt in het Internationale Horecabedrijf verstaan:

Alle diensten en handelingen om de gasten in alle opzichten tevreden te stellen

Goed opgeleid personeel, dat zijn werkzaamheden naar behoren vervult en ook begrijpt, behoort die werkzaamheden zo op te vatten, dat het niet alleen zal trachten aan de redelijke wensen zoveel mogelijk te voldoen, het dient zelfs nog verder te gaan, en zelfs te trachten hun wensen zoveel mogelijk te voorkomen. Om hierin te slagen moet men dus persoonlijke eigenschappen bezitten.

Wat de vaktechnische service betreft, dient het een kwestie te zijn van scholing door middel van speciale vakopleidingen, waardoor - na een lange periode - de vereiste vaktechnische service wordt bereikt.

Wat de persoonlijke service betreft daar staat het wel enigszins anders mee. Deze zal hoofdzakelijk afhangen van een natuurlijke aanleg, alsmede van de individuele instelling bij de beoordeling van al of niet schikt zijn.

De gast kiest díe zaak, waar het eten niet alleen goed is, maar ook de service naar genoegen is. Wordt hij in die verwachtingen teleurgesteld, dan zal hij reclameren, óf - in de meeste gevallen - de zaak in het vervolg mijden.

Het is daarom voor iedere horecaondernemer van het allergrootste belang aan het begrip **'service'** de uiterste aandacht te besteden.

Onder die service mag hij verstaan:

Het zijn gasten in alle opzichten zo aangenaam mogelijk te maken en aan hun wensen tegemoet te komen, voor zover deze althans redelijk zijn en in overeenstemming met het desbetreffende bedrijf.

Ook de bediening is voor de gast een zeer belangrijke factor. In vele gesprekken komt het bedienend of serveerpersoneel van de verschillende horecabedrijven ter sprake, zowel in positieve alsook in negatieve zin. Dit mag ons uiteraard niet verwonderen, want de gast is zeer gevoelig voor attenties en in vele horecabedrijven is het bedienend of serveerpersoneel de enige schakel tussen hem en het bedrijf.

Het bedienend of serveerpersoneel kan daarom voor een bedrijf veel goed maken, maar ook veel, zelfs zeer veel, bederven, met andere woorden. Men kan dus het cachet, dat wil zeggen: bewijs van goede smaak, zorg en overleg van het desbetreffende bedrijf verheffen of degraderen.

Iedere horecaondernemer, die dus een service levert in overeenstemming met de aard van zijn bedrijf, mag daarom voor zichzelf het recht voorbehouden een goede service te hebben en te leveren.

Doch wat echter bij de één met "goed" kan worden gewaardeerd, brengt het in een andere zaak niet hoger dan een bescheiden "middelmatig".

Het is dus van groot belang dat de service, welke wordt geleverd door díe personen, die met de gast in contact komen, alle zorg krijgt. Van deze service - ook wel *'frontservice'* genoemd - is het vooral een correcte en vlotte restaurantservice, die het **'cachet'** geeft aan de zaak en ook indruk maakt op de gasten.

Dit neemt niet weg, dat ook achter de schermen, bijvoorbeeld de keuken, het buffet e.d., aan deze service wordt en is gewerkt.

Wanneer het eten veel te wensen overlaat en niet in de bestelde volgorde doorgaat, zodat de gasten met recht kunnen klagen over een slechte service, is dit dan ook niet altijd het gevolg van te weinig bedienend of serveerpersoneel, maar ook te weinig of slecht ander personeel.

De oorzaak ligt vaak in een slechte organisatie, geen orde en deskundigheid van leidinggevende functionarissen, gemis aan samenwerking tussen de verschillende afdelingen, verkeerde bezettingen in keuken, restaurant en andere afdelingen.

Ieder bedrijf heeft zijn topniveau en wanneer dit bij onverwachte grote drukte wordt overschreden, dan blijft er vaak niets anders over dan ervan te maken wat ervan te maken is en zal men vaak dienen af te wijken van de gebruikelijke service.

Gewoonlijk loopt dan alles in het honderd, het regent klachten over en weer en velen zijn vervolgens de kluts kwijt. In vaktaal pleegt men dan vaak de uitdrukking te gebruiken van : "ze zwemmen".

In zulke gevallen van topdrukte en overbelasting herkent men de vakman. Hij gaat met verstand en overleg te werk. Brengt systeem in zijn werk en weet de druk op de keuken zoveel mogelijk te verlichten.

Van goed opgeleid bedienend en serveerpersoneel mag daarom worden verwacht, dat het zijn gasten goed en juist voorlicht. Hij zal vertrouwd dienen te zijn met de prestaties en werkzaamheden van alle andere afdelingen in het bedrijf.

Een in alle opzichten goede gastheer zal geen enkel risico nemen en zal zoveel mogelijk teleurstellingen onder gasten zien te voorkomen en zal zorgen dat zijn of haar service in orde is, het geen wil zeggen dat alles er aan wordt gedaan zoals het betaamt.

De voordelen van een goede service zijn velerlei, want het beschaafde smaakgevoel komt evenzeer in opstand tegen slecht opgediende als tegen slecht bereide spijzen en gerechten.

De intense tafelgenoegens bestaan dan ook niet alleen uit het zich toedienen van smakelijke gerechten, maar vragen ook een smaakvolle genoegdoening.

DE GAST

Wanneer mensen een horecabedrijf bezoeken, dan zal men zelden spreken van klanten, zoals dit in de detailhandel gebeurt, maar van het begrip '**gasten'**. Het is de '**gast**' waar de hele horeca-dienstverlening om draait, met andere woorden, de '**gast**' is de belangrijkste persoon in het bedrijf. Hij is dan ook geen buitenstaander, maar een deel van het bedrijf.

Wij, als dienstverleners, zijn afhankelijk van hem; hij onderbreekt ons werk niet, doch hij is het doel ervan.

Het dienstverlenend en serveerpersoneel bewijst de '**gast**' dan ook geen dienst om hem te helpen, maar de gast bewijst óns een dienst door ons de gelegenheid hiertoe te bieden. Het dienst verlenen is immers onze broodwinning !

Een '**gast**' kiest díe zaak, waar niet alleen slapen en eten goed is, maar waar hij ook als "**gast**" wordt gewaardeerd. Wordt hij in die verwachting teleurgesteld, dan zal hij óf reclameren, óf het bedrijf in het vervolg mijden. Daarom is het van het grootste belang aan de "**gast**" de uiterste belangstelling, hoe verschillend iedere gast ook mag zijn.

In het internationale horecabedrijf maakt men, naast opleiding, beroep, inkomen, afkomst, cultuur, leeftijd en burgerlijke status, onderscheid in een viertal gastencategorieën, te weten:

1. *Gasten uit de privésector*

Deze gasten zullen het bedrijf het gehele jaar bezoeken en in het bijzonder de weekends. Karakteristieke herkenningspunten zijn:

- \# men komt in familie- of in groepsverband
- \# men is prijs- en kwaliteitsbewust
- \# men komt in zijn vrije tijd
- \# men wil als "gast" gezien worden, doch men stelt '**privacy**' primair
- \# men zoekt rust, sfeer, verzorging en gezelligheid

2. Gasten uit de toeristen- of de vakantiesector

Deze gasten zullen het bedrijf hoofdzakelijk tijdens de vakantiepieken en zomermaanden bezoeken. Karakteristieke herkenningspunten zijn:

- \# en komt zelfstandig of in groepsverband
- \# men wil zich thuis voelen (home-feeling)
- \# men wil nieuwe ervaringen opdoen
- \# men zoekt ontspanning, rust en gezelligheid
- \# de bestedingen zijn rekbaar
- \# men zoekt vakantievoordelen, bijvoorbeeld arrangementen, toeristenmenu's en dergelijke

3. Gasten uit de zakensector

Deze gasten bezoeken het bedrijf in de regel van maandag tot en met vrijdag, Juli en augustus vaak uitgezonderd. Karakteristieke herkenningspunten zijn:

- \# men wil aandacht en snel geholpen worden
- \# men verlangt een representatieve inrichting of gelegenheid
- \# men heeft weinig begrip voor de dienstverlening en de daaraan verbonden problemen
- \# men bezoekt het bedrijf maar vijf dagen in de week
- \# men is zeer actief
- \# men is vaak onderweg
- \# men kan de gemaakte onkosten meestal declareren of men heeft een vaste onkostenvergoeding (besteding is dus rekbaar en niet-rekbaar)
- \# men wil individueel in het bedrijf zijn en men stelt geen prijs op bijvoorbeeld groepsreizen, gezelschappen, vrachtwagenchauffeurs en dergelijke

4. *Gasten die een bijzondere benadering nodig hebben*

Hieronder rekenen wij de geestelijke en/of lichamelijk gehandicapte gasten, in het bijzonder de audiovisueel gehandicapten (= doven en blinden) en zij die zich in een rolstoel of invalidewagen verplaatsen.
In de meeste gevallen helpen we wel onmiddellijk, maar zó overdreven, verkeerd of onhandig, dat het voor de betrokkene meer een kwelling is dan een aangeboden dienst.
Als men, als dienstverlener zich op de hoogte wil stellen van de problemen en de gehanteerde technieken, die deze gehandicapten ervaren en hanteren, dan kunnen wij hen helpen en adviseren op een prettige, vlotte, maar vooral menselijke wijze.
Het zou echter te ver voeren om alle kennis, vaardigheden en bijzonderheden uit te werken en te bespreken. Hiervoor verwijs ik graag naar bestaande literatuur en voorlichtingsbrochures. Enkele waardevolle tips met betrekking tot het omgaan met gehandicapten in horeca- bedrijven, wil ik graag aanreiken van de in Nederland gevestigde gehandicaptenorganisaties.

- \# Het allerbelangrijkste is openstaan, begrip hebben en willen luisteren. Samen met de gehandicapte kan men dan oplossingen zoeken voor al datgene, wat als een belemmering wordt ervaren :
- \# Om het omgaan met audiovisueel gehandicapten te bevorderen, is een oriëntatie aan te bevelen van het brailleschrift en de doven spreek- en gebarentaal ;
- \# Voer een gesprek met een gehandicapte niet via een begeleider, maar spreek de persoon in kwestie rechtstreeks toe ;
- \# Aarzel niet om een gehandicapte hulp te bieden, maar doe het alleen als hij ook duidelijk aangeeft die hulp nodig te hebben
- \# Behandel invaliden als volwassen mensen c.q. gasten, tutoyeer ze niet bij voorbaat en reageer niet uit de hoogte,

alsof het om een minderwaardig persoon gaat ;
- # Doe gewoon tegen een gehandicapte en voel je niet bezwaard wanneer men alledaagse uitdrukkingen gebruikt die vervolgens pijnlijk zijn voor de betrokkene zouden overkomen. Een visueel-gehandicapte zal het je niet kwalijk nemen wanneer je zegt: "tot ziens" ;
- # Wanneer een groep gehandicapten reserveert, ga dan na of je aan alle wensen kunt voldoen. Heeft men bepaalde voorzieningen of aanpassingen niet, laat het dan weten ;
- # Ga er niet altijd van uit dat mensen met spraakproblemen dronken zijn ;
- # Corrigeer iemand met spraakproblemen niet, maar wees geduldig en wacht tot degene is uitgesproken. Om meer duidelijkheid te krijgen kan men korte vragen stellen, die dan met een simpel 'ja' of 'nee' kunnen worden beantwoord. Wek nooit de indruk dat je iets heeft verstaan of begrepen, wanneer dat niet zo is. Herhaal in ieder geval hetgeen wel bij je is overgekomen. De reactie zal wel aangeven of je het goed hebt begrepen ;
- # Zet een gast in een rolstoel of invalidewagen niet ergens aan een achteraftafel, maar aan een tafel met een breed gang- of looppad.
- # Als men langer een gesprek voert met een gast in een rolstoel of invalidewagen, ga er dan bij zitten of hurk neer, zodat je de conversatie of gesprek op ooghoogte kunt voeren ;
- # Als je een gast in een rolstoel of invalidenwagen de weg door je bedrijf wijst, zorg er dan voor dat er op die weg geen obstakels zijn ;
- # Gebruik in het contact met doven altijd:
    - ~ eenvoudige taal
    - ~ geen moeilijke woorden en termen
    - ~ geen woorden die voor tweeërlei uitleg vatbaar zijn

~ geen lange zinnen
~ zoveel mogelijk natuurlijke gebaren en mimiek
# Treedt dove en slechthorende gasten tegemoet door je hand op te steken of een klopje op de schouder te geven ;
# Als je iets tegen een audiovisueel gehandicapte iets wil zeggen, maak jezelf dan eerst bekend. Zeg wie je bent, praat op een normale toon en maak vooral duidelijk wanneer je het gesprek beëindigt
# Men kan gasten die problemen hebben met hun motoriek tegemoet komen door de maaltijd voorgesneden te serveren. Zorg ook voor extra rietjes bij de dranken ;
# Draag zorg voor een braillemenu of bied een blinde gast aan het menu voor te lezen
# Bied een slechtziende gasten een plaats aan in een goed verlichte ruimte en zorg dat ze gebruik kunnen maken van een loep ;
# Laat blindengeleidehonden ook toe tot je zaak en zorg er voor dat deze dieren niet worden afgeleid.
# Als je een blinde gast iets hebt geserveerd, laat dat dan ook duidelijk weten en vertel wat je op tafel hebt gezet en waar
# Pas, indien mogelijk, het bedrijf altijd aan voor rolstoelgasten, zoals toegangswegen, entrees, deuren, toiletten, restauratieve ruimten, liften en hotelkamers ;
# Voorzie het bedrijf van zogenaamde versterkbare telefoonhoorns t.b.v. slechthorenden ;
# Besteedt in het bedrijf aandacht aan deugdelijke waarschuwingssystemen t.b.v. doven, blinden en slechthorenden, door middel van zwaai- of flikkerlichten in restauratieve ruimten, gangen en hotelkamers ;
# Voorzie bepaalde hotelkamers van zogenaamde trilwekkers of trilkussens t.b.v. doven, blinden en slechthorenden. Deze trilkussens of trilwekkers kunnen op een centraal punt, bijvoorbeeld bij brand in werking worden gesteld ;

Weet :

- # dat de communicatie van en met gehandicapten zijn beleving van de werkelijkheid als uitgangspunt moet hebben en dat hij dus in eerste plaats bepaalt welke middelen daarbij het beste aansluiten ;
- # dat het voor de gehandicapte een onaanvaardbaar onrecht is, als men een bepaald communicatiemiddel, op grond van welke opvatting dan ook, niet wil of kan gebruiken en hem daardoor informatie onthoudt ;
- # dat het doel, de gehandicapte met zijn medemens in contact te brengen, veel belangrijker is dan het middel waarmee dat gebeurt ;
- # dat het belangrijk is zich te realiseren dat een gehandicapte óók erbij wil horen ;
- # gebruik naast de gewone prospectussen, spijs- en drankenkaarten, ook prospectussen, spijs- en drankenkaarten in brailleschrift. Deze speciale en niet overbodige service vergemakkelijkt het contact.

(zie de bijlagen achterin dit boek: doventaal en brailleschrift)

Geen belangstelling

Gasten hebben geen belangstelling voor het privéleven van het personeel of voor wat hun vrouw, kinderen, familievrienden, vriendinnen en vrienden doen of niet doen.

Gasten hebben geen interesse in je tuin, huis of auto en het kan ze niets schelen of je nu wel of geen succes hebt met je hobby's. Waar je met vakantie naar toe bent geweest, of je plezier hebt gehad of een ellendige tijd.......... het kan ze niets schelen.

Ze hebben geen belangstelling voor jouw mening over politiek, de wereldsituatie of de nalatigheid van anderen, die niet zo hard werken als jij graag zou willen.

Zij hebben geen belangstelling voor lange verhalen over wat dan ook. Zij haten alleenspraak en ze willen niet weten hoe geweldig je bent, hoe belangrijk je bent en hoe knap je bent. Onthoud als dienstverlener dit !

Er is slechts één aspect van het leven, waarvoor gasten werkelijk belangstelling hebben en dat is: *ZICH ZELF*.

De eigen naam van de gast

Er is één woord dat voor ieder mens, dus ook voor iedere gast het belangrijkste woord van de wereld is en dat woord is:
zijn eigen naam

Voor een zogenaamde '**contactfunctionaris**' is het daarom van het grootste belang dat hij zich oefent in het onthouden van namen van gasten, die het bedrijf bezoeken.

Contactfunctionarissen of ander dienstverlenend personeel dienen niet alleen de namen van hun gasten te onthouden, maar hen er ook geregeld mee aanspreken.

Als een gast Hendrikse heet, spreek hem dan niet aan met 'mijnheer' , maar zeg steeds 'mijnheer Hendrikse'. En herhaal die naam meermalen aan tafel of tijdens een gesprek. Dit komt namelijk voor hem prettig over. Als je het niet doet of je spreekt

zijn naam verkeerd uit, dan maak je al een fout tegen de omgangsvormen. Die slordigheid namelijk, verraadt een gebrek aan belangstelling in de persoon van de gast.
Sommige gasten zijn bijzonder gevoelig op dit punt. Wij kunnen zoiets kinderachtig vinden, maar in ieder geval kan het heel begrijpelijk zijn, gezien het feit, dat zijn eigen naam zoveel voor hem betekent.
Prent altijd een naam van een gast goed in je geheugen en spreek hem tijdens je conversatie bij zijn naam aan
Het vermogen om namen en gezichten te onthouden is altijd in het belang van de omgang met anderen. Wanneer je de gast een volgende keer weer ontmoet, zal hij aangenaam verrast zijn dat je hem nog kent en dat je zijn naam nog herinnert. Dit betekent voor de gast een compliment, waardoor zijn gevoel van eigenwaarde ten zeerste wordt gestreeld.
Als je '**contactfunctionaris**' in een horecabedrijf bent, tracht dan op een tactische manier de naam te weten te komen van de gasten die regelmatig het bedrijf komen bezoeken en spreek hen dan aan bij hun naam. Zij zullen dit in de meeste gevallen zeer op prijs stellen en je verwerft daarmee hun sympathie en je bindt ze aan het bedrijf.
Het is in het horecabedrijf werkelijk opmerkelijk dat zo weinig bedienend personeel deze eenvoudige methode om hun gasten te behagen, schijnen te kennen.
Indien je ergens in een horecabedrijf een dienstverlenende functie uitoefent, tracht dan altijd de naam van de gast, die regelmatig door je bediend wordt, te achterhalen en spreek hem dan aan bij zijn naam. Je zult dan ondervinden, dat door dit kleine blijk van belangstelling en sympathie, de onderlinge verhouding prettiger en de bediening beter wordt.

De gast observeert

Een gast vormt zijn of haar mening over een '**contactfunctionaris**' gedurende de eerste seconden van het contact en hij zal daaraan vasthouden zolang de relatie blijft bestaan. Een gast zal je beoordelen naar:

Je verschijning
Een zwak mens ziet er ook zwak uit. Ze dragen verkeerde stropdassen of blouses en hun uitgezakte kostuum, jurk of rok doen denken aan Charlie Chaplin. Hun kleding schijnt voor een ander gemaakt te zijn. Prima en goed passende kleding is een teken van een goede gastheer en gasten hebben respect voor goede gastheren.

Je gezicht
Het gezicht bezit een groot aantal belangrijke uitgangspunten, die van invloed zijn bij het beoordelen van mensen. Het gezicht drukt de gemoedstoestand uit, die kan variëren van de lichtste emotie tot de heftigste geprikkeldheid.
Een goede gastheer houdt het hoofd altijd rechtop en kijkt zijn of haar gasten aan. Dit geeft vertrouwen en voorkomt de indruk van een slappe houding.

Je spreken
Goed Nederlands is in bijna alle gevallen een veel betere introductie dan alleen maar goed gekleed te zijn. Zij die ernst maken met het kiezen van een carrière in het dienstverlenende beroep, zullen dan ook evenveel aandacht dienen te besteden aan de spraak als aan het snit van zijn kleding. Spreken in '**positieve**' zin is schilderen met woorden en woorden waar je je hart in legt, zullen altijd weerklank vinden.

Je houding

De gast bepaalt de kracht van de gastheer aan de manier waarop men hem tegemoet treedt. En goede gastheer ziet er niet arrogant uit, houdt de schouders recht en loopt vastberaden naar de gasten toe, alsof men niet alleen blij is hem te zien, maar er zeker van te zijn dat men hem een groot plezier kan doen.

De benadering van gasten

In het bedienend of serveerberoep komen wij steeds weer in aanraking met andere gasten. Gasten met andere gewoonten en gevoelens.
Mensenkennis zal dus een belangrijke eigenschap dienen te zijn om met gasten om te gaan.
Met één oogopslag dient men meer van een gast te weten te komen. Door het observeren van vele factoren is het mogelijk binnen de kortst mogelijke tijd iemands karakter en persoonlijkheid te doorgronden.
Hoe gedraagt een gast zich ? Hoe is zijn uiterlijk ? Wat vertelt ons de handen, de ogen, de kin, de mond, de oren, de haardracht, de gebaren, de spraak, de manier van zitten, staan en lopen, de wijze van gesticuleren, het opsteken van sigaret, het snuiten van de neus en ga zo maar door.
Voor velen misschien onbelangrijke details, doch voor het serveerpersoneel en 'contactfunctionarissen' zijn het belangrijke aanwijzingen omtrent het karakter en de persoonlijkheid van de gast.
Het beoordelen van dit alles zal hem positief helpen bij zijn optreden. Het is niet mijn bedoeling om de mensenkennis tot in de finesse uit te diepen, doch een aantal belangrijke richtlijnen wil ik wel geven, om zodoende een eerste aanzet te geven tot het sneller doorgronden van mensen en gasten. We kunnen gasten, waarmee we in aanraking komen of waarmee we omgaan, in een drietal groepen indelen, te weten:

Gasten die zwijgen
De redenen van het zwijgen kunnen velerlei zijn. Men kan zwijgen uit bescheidenheid, minachting, tegenzin, spreekangst, domheid, minderwaardigheid of hoogmoed.

Gasten die vertellen
Een zeer belangrijke en veel voorkomende groep. Het is ook hier weer belangrijk, waarom mensen, dus ook gasten iets te vertellen hebben. Factoren kunnen onder andere zijn: fantasie, geheugen, gedachten, algemene belangstelling, willen opvallen, minderwaardigheidsgevoelens willen maskeren of een sterkte behoefte verheerlijkt te worden.

Gasten die vragen stellen
Vragen stellen kan soms meer dan één bedoeling hebben. Ook hier kunnen weer een aantal factoren een rol spelen, zoals bijvoorbeeld uit nieuwsgierigheid, beleefdheid, belangstelling of beroepsmatigheid.

Ook is het belangrijk voor het bedienend of serveerpersoneel en contactfunctionarissen om er achter te komen hoe bepaalde gasten benaderd dienen te worden. Zo kunnen we denken aan de volgende gasten:

De verwaande gast
Maak niet te veel aanmerkingen op zijn theorieën. Het beste is hier de zogenaamde methode van 'ja en nee' te hanteren.

De negatieve gast
Wakker zijn eerzucht aan en maak gebruik van zijn ervaringen en kennis en geef hem op die wijze de erkenning waarom hij vraag.

De twistzieke gast
Maak jezelf niet kwaad, doch blijf rustig. Raak niet in zijn doen en laten betrokken en zorg er voor dat hij niet teveel beslag op jezelf en op je omgeving legt.

De positieve gast
Gebruik zijn kennis en roep desnoods zijn hulp in, omdat dit belangrijk is. Trek profijt uit zijn handelen, want dat kan tot steun zijn.

De ongeïnteresseerde gast
Wek zijn belangstelling en vraag naar zijn werk of hobby, met andere woorden: vraag naar zaken waar hij wél belangstelling voor heeft.

De alleswetende gast
Zeg maar gewoon wat je van zijn theorieën vindt, doch gebruik dan wel goede argumenten.

De schrift- of letterkundige gast
Door zijn kennis proberen ze je in de val te lokken of te laten lopen. Om je te testen vragen zij vaak naar de bekende weg. Luister dus goed en overdenk goed je antwoorden.

De veel pratende gast
Beperk altijd zijn spreektijd, doch doe dit altijd wel tactvol. Waardeer wel zijn woorden, doch hou het kort.

De verlegen gast
Vergroot zijn zelfvertrouwen en stel makkelijke vragen en geef, waar mogelijk, altijd blijk van waardering.

Zoals men uit bovenstaande kunt opmaken, is het vermeerderen van mensenkennis voor bedienend en serveerpersoneel en 'contactfunctionarissen' beslist noodzakelijk.

Advies is dan ook: observeer en neem scherp waar en leer aan de hand van onweerlegbare tekens, de persoonlijkheid en het individuele karakter van gasten juist taxeren.

Het kan lofwaardig zijn, wanneer men zijn gasten of medemens volkomen vertrouwt, maar dikwijls moeten wij een hoge prijs voor dat vertrouwen betalen.

Hoe vaak gebeurt het niet, dat wij teleurgesteld worden door iemand, van wie we meer verwachtte dan hij verwezenlijken kon, die het in hem gestelde vertrouwen beschaamde, zodat we ontnuchterd moesten constateren, dat ons vertrouwen in die iemand geheel misplaatst was ?

Het is dus verstandiger dergelijke fiasco's te voorkomen door bijtijds de zwakheden en gebreken van de gast of de medemens te onderkennen en er bij bijzondere betrekkingen rekening mee te houden.

Gouden regels voor de gast

Het succes van feestelijke bijeenkomsten, partijen en dergelijke zit hem in de juiste **voorbereiding** en de goede **organisatie** . Door een gedegen aanpak van te voren, waarbij niets aan het toeval mag worden overgelaten en alles in een draaiboek, checklist of functionsheet dient te worden vastgelegd, kunnen zulke bijeenkomsten naar alle tevredenheid verlopen, of het nu 10, 100 of 1000 gasten betreft. Uiteraard is een uitstekende, goedlopende en vakkundige staf debet aan die tevredenheid. Om een bijeenkomst succesvol te laten verlopen, gelden voor hen, die een feest of aanbevelingen, namelijk:

Organiseer een partij of bijeenkomst altijd in een bedrijf, dat ervaring heeft in het organiseren van zowel kleine als grote

partijen. De organisatie hiervan is een aparte materie en altijd afwijkend van het normale café- en restaurantwerk.

Pleeg altijd van te voren goed overleg met de banquetmanager of restaurantmanager (maître d'hotel of oberkelner) en chef-kok (chef de cuisine) en leg altijd alles schriftelijk vast.

Concentreer het feest zoveel mogelijk in één ruimte, zodat iedereen er ook bij hoort. Door diverse ruimten te gebruiken zijn er gasten, die zich dan als 'tweede rangs gasten' beschouwen.

Laat een feest en/of diner **nóóit** langer duren dan uiterlijk vijf uren. De ideale tijd is van 19.00 tot 01.00 uur. Iedereen zal dan optimaal genieten, want daarna gaat vaak de alcohol een belangrijke, beslissende en overheersende rol spelen.

Overdaad schaadt. Dat geldt voor het aantal gangen, de te serveren wijnen, doch ook voor de muziek. De gerechten dienen elkaar relatief snel op te volgen. Men eet, proeft en geniet dan beter. Gezellig en wat uitgebreider natafelen is altijd beter dan te lange pauzes tussen de gangen, want die vermoeien de gasten allen maar.

Muziek dient altijd ' **onopvallend opvallend** ' aanwezig te zijn.

Voor het arrangeren van muziek en/of entertainment dient men bij voorkeur een erkend en bonafide theaterbureau in te schakelen

Besteed altijd veel zorg en aandacht aan een goede tafelindeling, zodat gelijkgestemde gasten in elkaars gezelschap

kunnen zijn.

Bij partijen van meer dan 100 personen dient men het schenken van wijnen aan te passen, Schenk nóóit dure of zeldzame wijnen. De meeste gasten genieten er niet van en ze komen in die omstandigheden ook niet tot hun recht. Schenk in die gevallen goede en eerlijke wijnen, waarbij eenieder aan zijn of haar trekken komt

Voor eventueel te voeren tafeltoespraken dient door de tafelpresident of ceremoniemeester contact te worden gehouden met de restaurantmanager (maître d'hotel of ober-kelner).

Besluit een feest altijd op zijn hoogtepunt, zodat alle gasten er met veel plezier en met de beste herinneringen aan zullen terugdenken.

Door bovenstaande regels in acht te nemen zal iedereen, gasten, gastheer en/of gastvrouw of bedrijf tevreden en het feest geslaagd zijn.

tips voor gasten

Kom op tijd en bel indien nodig de gereserveerde tafel af. Anders zit de restaurateur de hele avond met een lege tafel.
Onthoud wat men bestelt.
Zet Uw mobiele telefoon e.d. af. Iedereen ergert zich aan Uw rinkelende GSM.
Gebruik onder het eten geen IPad, IPhone, Smartphone of tablet.
Besef dat U tafelende ouders, die wél een oppas voor hun kinderen regelden, dubbel dupeert met die rondrennende kinderen van U.

Begin niet eerder te eten dan de rest van Uw tafel en ga na afloop niet dwars op Uw stoel zitten.
Maak geen ruzie met Uw partner of tafelgenoten. Ook niet als U dat nodig vindt.
Word niet dronken, maar drink langzaam en met beleid. Dronkenmensen worden vervelende gasten en storen de overige gasten.
Een joggingbroek doet het wel leuk ...., maar in een sportkantine.
Als er iets mis is met het eten is de kok wel de 'dader' , niet het serveerpersoneel.
Als men dieetwensen heeft, meld dat dan bij de reservering. Doch niet op een drukke avond tijdens het eten.
Mevrouw !? Kies een parfum dat niet urenlang het bouquet van de wijnen, die geschonken worden aan de omringende tafels, vernietigd.
Straal vertrouwen uit naar het bedienend personeel, dan krijgt U vertrouwen terug.
Weet, dat het initiatief bij U als gast ligt en niet bij de bediening
En .... lach tegen iedereen en wees vriendelijk. U bent tenslotte **UIT**.

Nog wat tips voor gasten

De regel 'eet niet voor iedereen zich heeft opgeschept of is bediend' geldt niet in een groot gezelschap. Zitten er veel gasten aan tafel dan kunt U, op een wenk van de van gastheer , ook al met eten beginnen als nog niet iedereen de maaltijd voor zich heeft ;
Bind een servet nooit om Uw hals en stop het ook niet in de halsopening van de jurk of overhemd: laat het in drieën gevouwen op schoot liggen en leg het na de maaltijd opgevouwen naast Uw bord ;

Eet onhoorbaar, slurp niet, praat niet met volle mond, veeg Uw mond af voor men het wijnglas ter hand neemt en geef Uw uren de ruimte, ook onder de tafel, dus; voeten bij U houden ;
Reik uw handen nooit voor iemand langs. Vráág om het zout, peper, jus of saus e.d., want die worden U wel door- of aangegeven ;
Gebruik het bestek dat naast het bord ligt altijd van buiten naar binnen. Het bestek dat boven het bord ligt is voor net nagerecht bedoeld ;
Vingerkommen wijzen er op dat men bepaalde spijzen met de handen mag eten ; waarna men alleen de toppen van de vingers even in het water dipt en afveegt met het servet ; Tot de producten die met de handen worden gegeten behoren: asperges, artisjokken, krab, kreeft, maïskolven, mosselen en oesters in schelp en gebraden haantjes ;
Zorg ervoor dat een mooi opgemaakte schaal of schotel zo mooi mogelijk blijft als U er zich van bedient ;
Verwijder niet-eetbare zaken als kersenpitten, visgraatjes e.d. zo onopgemerkt mogelijk door ze achter uw mond voor de mond gehouden hand op een vork of lepel te laten glijden of ze even van uw lippen te plukken. Graatjes behoren op een daarvoor bestemd gratenbordje en pitten e.d. op de rand van het bord;

De tafelrangschikking

Het welslagen van een speciaal diner, dejeuner dinatoire of souper is voor een belangrijk deel afhankelijk van een juiste tafelschikking.
De kennis betreffende de tafelrangschikking bij speciale maaltijden is de laatste tijd toch een beetje in de verdrukking geraakt.
Toch dienen wij op de hoogte te zijn van de zogenaamde etiquetteregels betreffende het plaatsen van gasten aan tafel.
Bij het opstellen van een tafelrangschikking **kan** en **mag** men niet **altijd** en **uitsluitend** rekening houden met een eigen persoonlijke voorkeur of die van de gasten, met hun sympathieën, antisympathieën of hun conversatietalenten.
Men dient dan ook uit te gaan van bepaalde vaste regels, die men niet **kan** en **mag** veronachtzamen, zonder inbreuk te maken op de wetten van de omgang, beleefdheid en beschaafdheid.
Om enig inzicht te geven geef ik hierbij de voornaamste regels:

Kies altijd met zorg én overleg de juiste g om .er voor iedere gast een couvertruimte dient te zijn van 60 cm.
De **gastheer** heeft aan zijn **rechterzijde** altijd de belangrijkste damesgast (= tafeldame) en aan zijn **linkerzijde** dame no. 2 in belangrijkheid.
De **gastvrouw** heeft aan haar **linkerzijde** altijd de belangrijkste herengast (tafelheer) en aan **rechterzijde** van haar heer no.2 in belangrijkheid.
Naast heer no.2 in belangrijkheid zit dame no. 3. Naast de tafelheer van de gastvrouw zit dan dame no. 4, enzovoorts.
Bij een bruiloftsdiner zit het bruidspaar in het midden. De bruid aan de rechterzijde van de bruidegom. Naast de bruidegom zit de moeder van de bruidegom, daarnaast de vader van de bruid. Naast de bruid zit vervolgens de vader van de bruidegom en daarnaast de moeder van de bruid, geflankeerd door eventuele grootouders, getuigen, ooms, tantes, broers en zusters, enzovoorts.

Bij promotiediners zitten de vader en promotor altijd naast de promovendus. Verder vindt plaatsing naar belangrijkheid plaats. Tegenover de promovendus zitten de zogenaamde 'paranimfen'. (= paranimfen zijn de begeleiders van de promovendus - meestal studiegenoten - die hem terzijde staan, wanneer deze ter verkrijging van een doctorsgraad zijn proefschrift in het openbaar verdedigd
Bij jubileumdiners zit de eigenaar of directeur van het jubilerend bedrijf of organisatie of jubilaris naast zijn echtgenote in het midden. Zij zit dan links van haar man en links van haar zit dan als tafelheer de voornaamste mannelijke gast, terwijl de belangrijkste vrouwelijke gast rechts van de jubilaris zit. Bij een jubilaresse is de tafelschikking dus andersom.
Bij grotere diners, waarbij een 'T', 'U' of een 'E'-tafel wordt gebruikt, zitten de voornaamste gasten aan het hoofd- of eretafel. Deze wordt slechts aan één zijde bezet. Haaks erop vindt men de andere tafels. Hoe dichter men nu aan een der zijtafels zit, hoe eervoller de plaats. De 'I'-tafels worden wél aan beide zijden beste.
Hoe meer men naar het einde van de tafel wordt geplaats, hoe minder de plaats in tel is.
Jeugdige gasten zitten veelal aan de uiteinden.

De tafelrangschikking het restaurant

Tafelschikking voor tafels van 4 personen

Voorbeeld 1   *Voorbeeld 2*

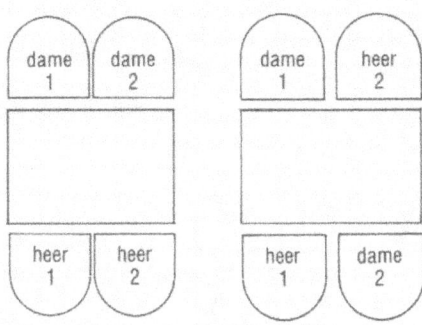

Tafelschikking voor tafels van 6 personen

Voorbeeld 1   *Voorbeeld 2*

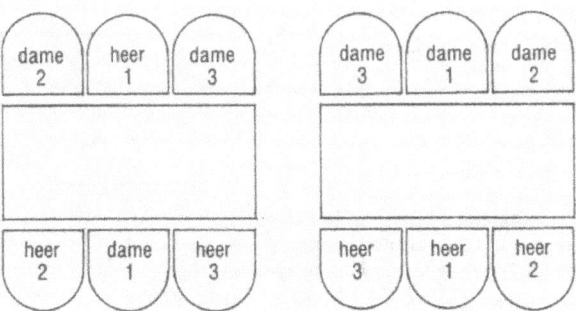

Voorbeelden van tafelrangschikking rechthoekige tafels

Voorbeeld 1

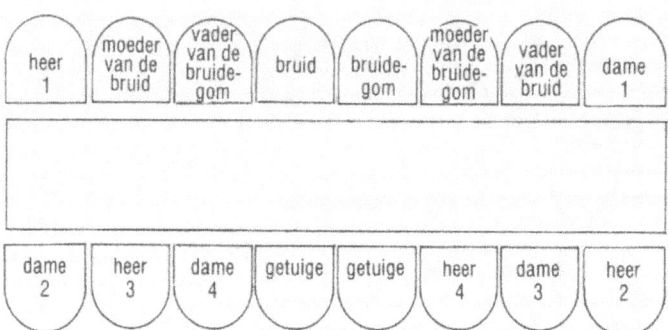

Voorbeeld 2

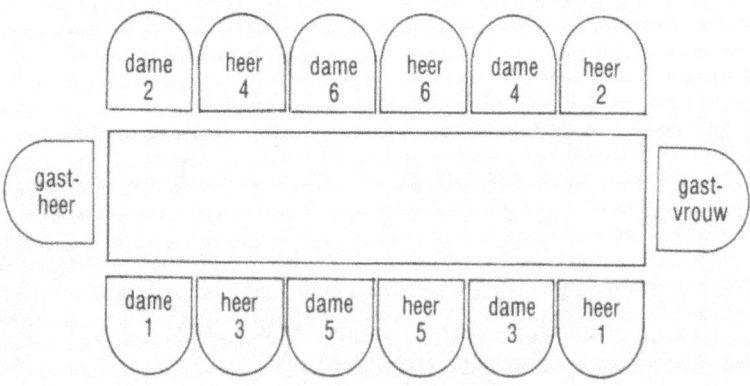

Voorbeeld 3

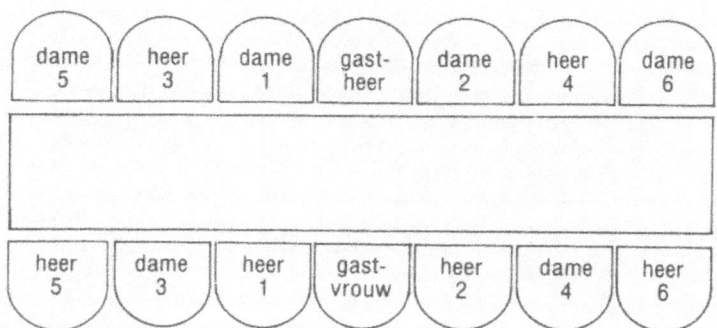

Voorbeelden van tafelrangschikking ronde en ovale tafels

Voorbeeld 1

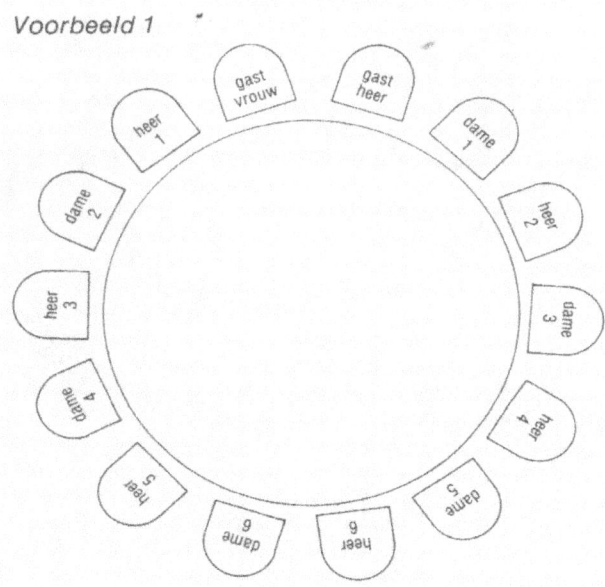

38

Voorbeeld 2

Voorbeeld 3

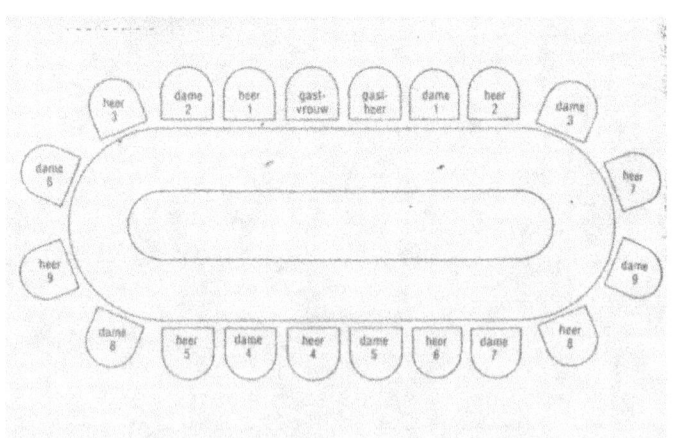

Voorbeeld 4

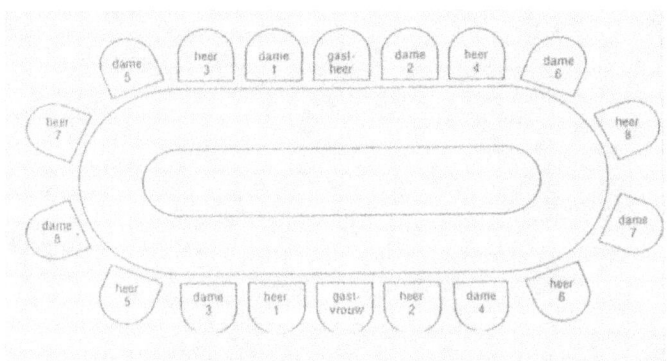

Voorbeelden tafelrangschikking T-tafels

Voorbeeld 1

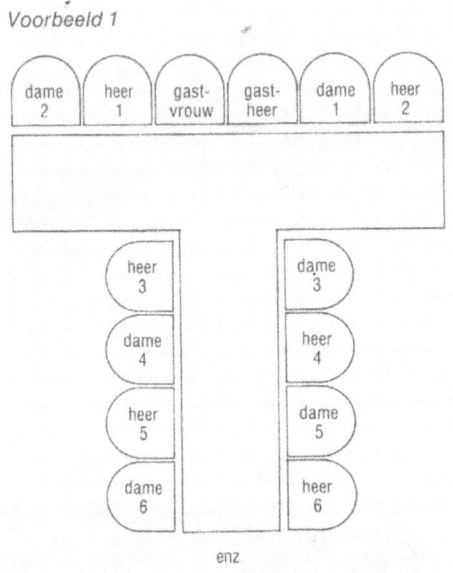

Voorbeeld 2

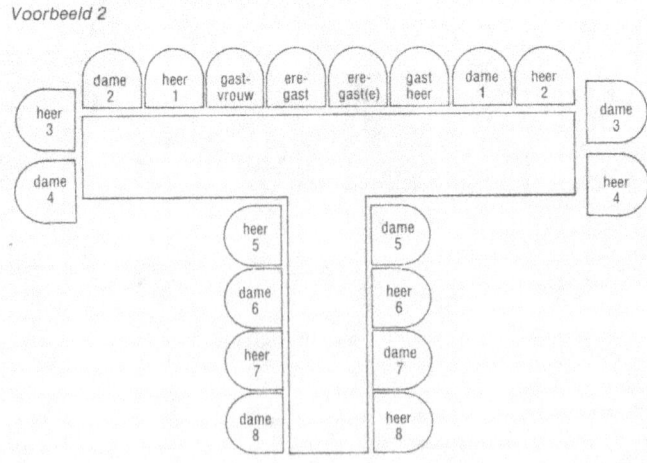

Voorbeelden van tafelrangschikking U-tafels

Voorbeeld 2

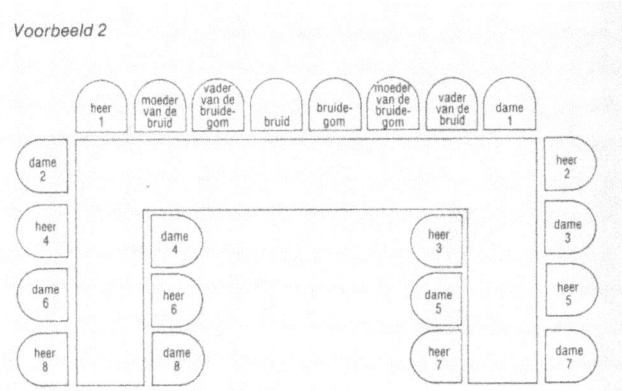

Voorbeelden van tafelrangschikking E-tafels

Voorbeeld 1

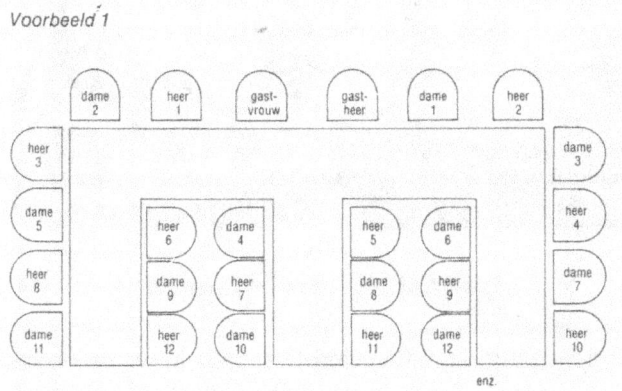

Voorbeeld 2

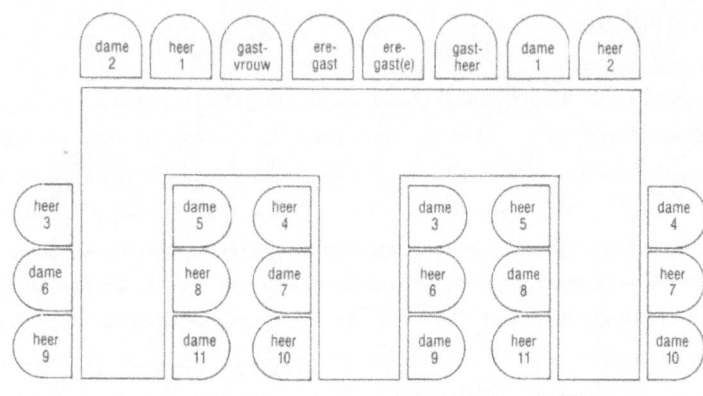

De gast en de uitnodiging

Uitnodigingen waarop precies wordt vermeld in welke kleding U als gast wordt verwacht wordt tegenwoordig niet mee zo vaak verzonden. Gelukkig bestaat het nog wel en mocht U als gast toch zo'n uitnodiging krijgen dan zal men toch rekening dienen te houden met de richtlijnen die dan worden voorgeschreven.

Een aantal voorbeelden wil ik toch in dit hoofdstukje aandragen.

Wanneer men U voor schrijft '**avondkleding verplicht'** is strenger dan **'avondkleding gewenst'**. In het eerste geval moet men in avondtoilet of rokkostuum verschijnen. In het tweede geval is een geklede jurk en een donker kostuum ook toegestaan.

Indien op de uitnodiging vermeld staat '**cravate blanche** ' of '**white tie'**, dan worden de dames in het lang verwacht en de mannelijk gast in rok met witte das.

Mocht er in de uitnodiging de vermelding staan van '**cravate noire** ', '**black tie'** of '**dinner jacket''** geeft de keus tussen en lange of korte avondjurk (= coctail dress) en een smoking met zwarte das.

Staat er op de uitnodiging '**wandeltoilet'**, '**toilet de ville'**, '**tenue de ville'** of '**stadskleding**' dan wordt het al minder formeel. Een goedgeklede jurk of geklede damesbroek met toebehoren en een donker pak met bijbehorende stropdas is dan gewoon.

Tegenwoordig kun je vrijwel op elke receptie in '**stadskledij**' verschijnen.

Ook bij **promoties** op universiteiten zie nog maar zelden de dames in het lang en de heren in rokkostuum. Het is op de universiteiten dan ook wat informeler geworden. Wordt men uitgenodigd voor een **bruilof**t en weet men dat de bruid in het lang verschijnt dan is men niet verplicht dat ook te doen. Bij een **begrafenis** kan soms informatie over de te dragen kleding vooraf soms gewenst zijn. In sommige streken van Nederland wordt het zeer op prijs gesteld als men in het 'zwart' verschijnt. Tegenwoordig kan men bij de meeste begrafenissen in gewone kleding verschijnen zonder U in 'rouwkleding' te hullen.

Op sommige uitnodigingen kunnen soms ook nog geheimzinnige afkortingen vermeld staan. Vrijwel gaat het om een verzoek even te reageren op een uitnodiging. Men wil dan graag op de hoogte gebracht worden of men wel of niet komt. Dat geld voor '**v.g.a.**',dat wil zeggen **'verzoeke gunstig antwoord'.** Voor '**v.g.a.v.**' wil zeggen **'wordt gunstig antwoord verwacht, soms** graag met datum waarop het antwoord binnen dient te zijn'.

In sommige voorname kringen komen ook afkortingen voor , zoals '**r.s.v.p.**' (= répondre s'il vous plait) of '**r.f.s.v.p.**' (= réponse favorable s'il vous plait). Het is niet de bedoeling dat men zelf op een gewone uitnodiging deze afkortingen kunt zetten. Uw gasten zullen dan voor raadsel staan en zullen er grote moeite mee hebben. Bij niet zulke officiële uitnodigingen kan de mededeling 'laat ons even weten of U komt of niet' wel zo prettig zijn.

Kan men niet komen laat het dan zo vlug mogelijk weten en vermeld dat men tot U spijt niet aanwezig kunt zijn. Een reden behoeft men niet te geven en dat bespaart wellicht een leugentje.

GASTHEERSCHAP

Dag kelner, dag ober, dag serveerster ! Welkom gastheer, welkom gastvrouw ! Een nieuw woord voor een oud begrip.

Gastheerschap met betrekking tot gastvrijheid en dienstverlening heeft tijden van grote glorie beleefd. Hoezeer ook de moderne opvoedings- methoden en omgangskunde moge zijn toegedaan, het *echte* vak heeft er ontegenzeglijk onder geleden. Denken we daarbij ook nog eens even aan allerlei soorten van horeca- en dienstverlenende bedrijven, die als paddenstoelen uit de grond schoten, met allemaal met hun eigen culturen, structuren en ideeën.

Het verschafte werk aan veel personeel en menige directie kon zich, wat het commerciële betrof, stevig in de handen wrijven, dat wel, maar helaas vergaten velen ondernemers aandacht te schenken aan de juiste dienstverlening met betrekking tot gastvrijheid en gastheerschap.

Het woord kelner of ober bijvoorbeeld, veranderde in de jaren zeventig in restaurantfunctionaris. En we gaan dan vervolgens weer een stapje verder en betitelen hem nu met gastheer. Een benaming die eigenschappen doet verwachten, die bij de meeste - de goede niet te na gesproken - nog ver te zoeken zijn.

Hoeveel tegenwoordige " dienstverlenende medewerkers " hebben werkelijk verstand van gastvrijheid, gastheerschap, omgangsvormen, stijl en van enig begrip van de ander ?

Op gevaar af hevige verontwaardiging te wekken, durf ik zelfs te beweren, dat lang niet iedereen, die zich zo nodig gastheer noemen, de naam gastheer waardig zijn; dat velen die zich er voor uitgeven, de theoretische en praktische bekwaamheid missen voor gastheer.

Hoe velen zouden er slagen, als zij plotseling verplicht werden gesteld deel te nemen aan een examen van bekwaamheid ?

Toch zal de nieuwe en moderne generatie deze toets van bekwaamheid dienen af te leggen, anders ben ik bang dat het verwachtingspatroon van de gastheer er droevig uit zal zien.

Het dienstverlenende bedrijf stelt de beoefenaars van gastheerschap echt niet voor ingewikkelde problemen. De uit te voeren handelingen zijn betrekkelijk eenvoudig, doch er wordt wel een grote mate van discipline, tact en oplettendheid vereist.

Boven dit alles zal men uit dienen te gaan van het eigen karakter en de persoonlijkheid, alsmede de bezieling die men in het werk weet te leggen, waardoor ieder contact in mindere of meerdere mate volledig kan slagen.

Een slecht behandelde gast is als een schreeuwend onrecht. Daarentegen zal iedere juiste benadering, zelfs in zijn eenvoudigste vorm, opvallen en deel uitmaken van de positieve uitstraling van het dienstverlenende bedrijf en beroep.

Deze kennis van uitvoering, als onderdeel van het dienstverlenende bedrijf, is voor de toekomstige gastheer van overwegend belang.

Naast grondige vakkennis, dient men dus te beschikken over een fijn ontwikkeld gevoel en goede smaak om, waar nodig, adviserend te kunnen optreden. Van zeer veel invloed zijn daarbij de persoonlijke verschijning, de woordkeus en de goede en juiste manieren.

Dit alles vereist studie. Een goed vakman of vakvrouw, die niet vasthoudt aan vastomlijnde ideeën, leert nog iedere dag. Met een voor het vak juiste instelling, zal men steeds trachten zijn of haar kennis te verrijken.

De gejaagdheid, agressie, onverschilligheid en ongeïnteresseerdheid van deze jachtige en materialistische tijd waarin wij nu leven, heeft veel van datgene, wat eertijds tot de voornaamste regels van de omgangskunde (normen en waarden) behoorde, omgezet in speciale benaderings- technieken.

Ook de computer heeft daarbij veel van het oude werk overgenomen. Noodzakelijk dient daardoor voor velen een vervreemding te zijn ontstaan ten aanzien van gasten. Dat dient zich ongetwijfeld te wreken.

Daarom is het van het allergrootste belang blijvend te blijven oefenen in alle onderdelen van het " dienstverlenende " vak, want op de meest onverwachte momenten zal men die bekwaamheid nodig hebben.

De juiste aanleg en instelling

Wat aanleg, instelling en persoonlijke eigenschappen betreft, stelt elk handwerk onafwendbaar zijn eisen, ook die van het dienstverlenende beroep. Zo heeft ook het vak van 'gastheer' zijn specifieke regels om beslagen ten ijs te komen, te weten:

Het uiterlijk
Zij die als contactfunctionaris in het dienstverlenende bedrijf werkzaam zijn, dienen er uiterlijk beschaafd en verzorgd uit te zien. Door hun goed verzorgde kleding maken zij een goede indruk en hun zelfvertrouwen wordt er door versterkt. Zij bezitten een sterk gestel en een optimale gezondheid, die versterkt wordt door een goede en juiste hygiënische lichaamsverzorging.

De houding
Zij kenmerken zich door een juiste uiterlijke (= lichamelijke) en innerlijke (= geestelijke) houding. De uiterlijke houding die men inneemt bij zitten, staan, lopen en werken, stempelt hem tot een actief en positief iemand. De innerlijke houding, die hij j aanneemt bij gebeurtenissen in leven en werk, stempelt hem tot een begrijpend en meevoelend iemand.

Zin voor orde en netheid
Belangrijk is dat orde en netheid reeds vanaf jongs af wordt aangeleerd. Het valt niet mee zich in alle omstandigheden als een welopgevoed mens te leren gedragen, maar het is ruimschoots de moeite waard het te proberen. Sommigen, dikwijls uit de armste gezinnen, hebben deze goede eigenschap als een kostbaar bezit van thuis meegekregen. Anderen, wier bedje gespreid was, zijn soms lomp en ongemanierd.

Beleefdheid en goede manieren (= etiquette)
Goed en vakbekwaam personeel weet de beleefdheidsvormen in alle situaties toe te passen, waardoor de maatschappelijke omgang met de gasten en anderen vergemakkelijkt wordt.

Beleefdheid en goede manieren brengen de algemene welwillendheid tot uitdrukking, alsmede respect jegens de andere mens of persoon. De twee eigenschappen gaan gewoonlijk samen, wat heel begrijpelijk is. De juiste vakman heeft geleerd dat het welslagen van zijn 'arbeid' van velerlei kleinigheden afhangt en dat daarbij zijn komen en gaan, zijn handel en wandel, dus zijn manieren, scherp worden beoordeeld. Hij heeft tevens nog iets anders geleerd, namelijk de goede van de kwade, de lastige van de meer gemoedelijke gasten te onderscheiden. Bij de één dient men op zijn tellen te passen en bij de ander kan men, in figuurlijke zin, wel eens een potje breken. Toch zal de meerdere vrijheid, die men bij laatstgenoemden geniet, **nóóit** mogen ontaarden in vrijpostigheid.

Innerlijke beschaving

Het belangrijkste kenmerk van de innerlijke beschaving is, dat hij voorkomt anderen te hinderen of te kwetsen en er voor te zorgen alles na te laten en te voorkomen wat voor de gasten pijnlijk of storend zou kunnen zijn. Innerlijke beschaving is doof en blind voor alle tekortkomingen van anderen. Innerlijke beschaving uit zich in beleefdheid, goede manieren, gedrag, tact, mensenkennis, spreken, persoonlijkheid, bescheidenheid en beperking.

Tact

Tact is moeilijk te definiëren. Het is een ongrijpbare eigenschap. Het kan vele verschillende dingen voor verschillende mensen betekenen. In de grond van het geheel betekent het een handige en vriendelijke behandeling van anderen, wanneer de omstandig- heden een dergelijke behandeling noodzakelijk maken. De juiste vakman weet in omstandigheden wat past en betamelijk is. Het is de gave die hem of haar in staat stelt de

gasten moeilijke of onaangename verrassende momenten te besparen.
Tact weet te loven en te prijzen, te wachten en te zwijgen en het betekent dat hij of zij meer denkt aan de gevoeligheid van de gasten dan aan eigen opwellingen van het ogenblik.

Zelfbeheersing
Een goede gastheer of contactfunctionaris zal zich **nóóit** laten verleiden in drift iets te zeggen en te doen waarvan hij later spijt zou hebben. Goede vakmensen dienen in staat te zijn, noch door woord en gebaar, blijk te geven van ongeduld, boosheid, verontwaardiging, bijval of afkeer.

Tolerant zijn
Tolerantie is een eigenschap waaraan onze wereld op dit moment de meeste behoefte heeft en waaraan het helaas veel te weinig bezit. Tolerantie is de eigenschap die ons in staat stelt de mensen te accepteren, zoals zij zijn en niet zoals wij ze zouden willen zien en hebben.
Verbazingwekkend is, dat velen in de dienstverlening ervan overtuigd zijn dat zij tolerantie in ruime mate bezitten. Een veel gebruikte uitdrukking is: " ik ben altijd tolerant " , " Ik begrijp het wel " en dergelijke. Gewoonlijk denkt men dan ook dat men tolerant is, totdat men verwacht dat hij die eigenschap in de praktijk brengt en dan ziet men vaak dat er té weinig van heeft. Wanneer je denkt dat je er maar te weinig van bezit, zorg er dan goed voor. Tolerantie groeit namelijk niet zo erg vlot !

Gedrag
Gedrag stempelt iemand tot een beschaafd of onbeschaafd persoon. De juiste gastheer of contactfunctionaris gedraagt zich tegenover de gasten dan ook hoffelijk, beheerst, onopvallend en zeer voorkomend. Naast het uiterlijk gedrag is ook het innerlijk gedrag beschaafd en correct, met andere

woorden: men zal op geen enkele wijze misbruik maken van de onwetendheid, onkunde en hulpeloosheid van gasten

Oplettendheid en dienstvaardigheid
Een goede gastheer of contactfunctionaris heeft eigenlijk ogen en oren van voren en van achteren, temeer omdat men dient op te passen niet door onoplettendheid iets om te lopen of te beschadigen. Maar met oplettendheid bedoel ik iets anders. Het gaat er om dat men steeds bereid dient te zijn de behulpzame hand te bieden waar dat te pas komt. Dat zal wel eens gepaard gaan met een kleine onderbreking van andere werkzaamheden. Attentie en behulpzaamheid dienen wel spontaan te gebeuren. De beloning krijg je vaak door waarderende woorden waar je niet bij bent. Dat is wel eens verkeerd. Een woord van lof kan soms aanmoedigend zijn en enorm veel goed doen, doch ook zonder dat herken je de juiste gastheer en contactfunctionaris

Persoonlijke invloed
Eén van de voornaamste eigenschappen voor het succes van een dienstverlenend bedrijf, en als onderdeel daarvan het tot stand brengen van de daaraan verbonden transacties, is de geschiktheid van zowel directie, management en gastheer, om met gasten om te gaan. Daarbij dient men, naast theoretische vakkennis, over een ruime dosis goede smaak te beschikken om juist datgene naar voren te brengen, waardoor het geheel tot een gelukkige combinatie wordt die goedkeuring van de gast wegdraagt. Want dit is juist het moeilijkste, dat men zich, zonder eigen inzichten prijs te geven, dient in te denken in de wensen, de bedoeling en het wezen van de gast. Boven dit alles gaat de liefde tot het vak die ons bezielt tot waardige handelingen, zonder daarbij alleen en uitsluitend aan winst, fooi of geld te denken. Van een goede gastheer of contactfunctio-

naris mag men verwachten, dat hij zich behoorlijk weet te presenteren, zowel in uiterlijk als in goede manieren, in welbespraaktheid en een ernstige opvatting van zijn taak. De handel en wandel vormen dikwijls het onderwerp van gesprek en de kleinste kleinigheid kan daaraan afbreuk doen. Een gastheer of contactfunctionaris is een levend visitekaartje van het dienstverlenende bedrijf en daaraan zal hij de uiterste zorg dienen te besteden. Een goede gastheer of contactfunctionaris zal er alles aan moeten doen om een goede gastheer of contactfunctionaris te zijn. Steeds meer zal een grote categorie gasten op onze hulp zijn aangewezen. Men heeft **ons**, maar niet speciaal **jou** nodig ! Dat zal geheel van de gastheer of contactfunctionaris afhangen.

Kennis van zaken (= vaktechnisch inzicht)

De grote verscheidenheid in aanbiedingen, die we gasten in de dienstverlening kunnen aanbieden, is als een "à la carte-kaart" met vele gerechten. De gastheer of contactfunctionaris is degene die het gebodene naar behoren en believen dient op te dienen. Hij dient de gast door modern comfort een "gastvrijheid" aan te bieden. Zijn kennis komt daarbij rechtstreeks onder de aandacht van de gast. Verkopen en van advies dienen zijn zeer voorname handelingen, die de juiste gastheer of contactfunctionaris dient te beheersen, wil hij het tot iets brengen. Daarom dient hij het technische beroep volkomen te beheersen. En weet: Goede arbeid is altijd lonend.

Spreken

Een goede gastheer of contactfunctionaris besteedt evenveel aandacht aan het spreken als aan de verzorging van zijn kleding. Hij presenteert zich door beschaafd en op de juiste wijze te spreken, door middel van woordkeuze en zinsopbouw. En goede gastheer of contactfunctionaris weet niet alleen **wát** hij wil zeggen, maar ook **hoé** hij het moet zeggen. Hij spreekt onbevangen en let op het verschillen tussen bijvoorbeeld liggen en leggen, tussen kennen en kunnen. Ernstige taalfouten trekken een conclusie over de algemene ontwikkeling. Een goede gastheer of contactfunctionaris kijkt bij het spreken de gasten eerlijk, rustig en oprecht aan en niet doordringend, schichtig of terloops. Men zegt niet voor niets: Spreken is schilderen met woorden

Mensenkennis

Eén van de belangrijkste eigenschappen van een goede gastheer of contactfunctionaris is een goede kennis van mensen. Mensen met de juiste kennis zijn in staat, uit schijnbaar onbelangrijke details, een beeld van de gasten en hun persoonlijkheid en karakterstructuur op te bouwen en zij behoeven slechts hun gast te observeren om precies te weten wie zij voor zich hebben en hoe men ze dient te behandelen, aan te pakken en te benaderen.

GASTHEER, GEBOREN OF GEMAAKT ?

Iedereen die zijn leven besteedt aan het geven van adviezen, instructies, het bespreken en beantwoorden van vragen aan medewerkers, ondergeschikten en gasten in het dienstverlenende bedrijf, zal bepaalde punten vinden die herhaaldelijk voorkomen.

"Of je hebt het – of je hebt het niet ", roepen degenen die de meeste dingen in een scherp omlijnd zwart of wit zien – zonder schakeringen er tussen. Maar mag men dit nu wel zo eenvoudig zien ?

Biologen refereren aan onze genen en chromosomen om fysiologische en erfelijke oorzaken te verklaren, waardoor in sommige opzichten ons lot reeds beslist is, nog voordat wij geboren zijn.

Aan de andere kant verzekeren ons sommige psychologen en filosofen dat erfelijke invloed vaak overschat wordt. Het is, zo zeggen zij, onze opvoeding en onze omgeving - speciaal onze kinderjaren – die ons grotendeels maken tot wat en wie wij worden. Wat is nou jouw mening over dit twistpunt over erfelijkheid en omgeving, over de vraag of de natuur of de opvoeding de grootste invloed heeft ? Zouden we het niet mis hebben, wanneer wij één van beide factoren buiten beschouwing lieten waar het de dienstverlenende beroep betreft ?

Toegegeven, sommige mannen en vrouwen schijnen voorbestemd om vanaf de start "groot" te worden. Met enorme gaven stijgen zij naar de top, terwijl minder begaafden met bewondering toekijken – of met nijd !

De bewondering komt van diegenen die iets afweten van de "binnenkant", of - zoals de Amerikanen zeggen - de "inside story" , zij het dan ook weinig. De afgunst wordt gevoeld door diegenen die alleen de "buitenkant" zien, een Menuhin, een Toon Hermans, een Sven Kramer of een Cruijff, die weer triomfantelijk een doelpunt scoort.

Hoeveel "supporters" weten echt iets af van de uren, die ieder van deze mensen dagelijks aan oefening en training besteedt ?

Natuurlijk staat buiten kijf dat alle "leraren van de wereld" geen virtuoos zouden kunnen maken van een dove muziekhater of een wielrenner van een bokser, die een hekel aan fietsen heeft.

Er dient echter wél verband te zitten tussen aangeboren gaven van de man of de vrouw en het werk of beroep dat zij gaan uitoefenen. Deze gedachte draagt er toe bij, te onderstrepen waarom je de man of de vrouw kunt ontmoeten - en je ontmoet hen allemaal wel eens - die elk aanbod van training of oefening afwijzen, nóóit één woord over hun vak lezen en die gestelde regels overtreden, alleen maar aan de top staan, keer op keer. Maar een dergelijke man of vrouw komt vooruit, ondanks hun beperkingen.

Hoeveel méér succes zou men kunnen bereiken wanneer hun aangeboren gaven productiever ontwikkeld waren ? Vraag het maar eens aan een ervaren directeur of chef ! Negenennegentig van de honderd keer zal hij hetzelfde antwoorden, dat hij ambitieuze jongemannen en vrouwen heeft zien sneuvelen, die probeerden een voorbeeld te nemen aan die uitzonderlijke begaafde "op het gehoor spelende" man of vrouw

Om weer op ons onderwerp terug te komen, kunnen wij het er wel over eens zijn, dat een natuurlijke begaafdheid voor elk werkelijk succes in het dienstverlenende bedrijf noodzakelijk is. Dit betekent niet alleen een redelijk goede verschijning en een eerlijke voorkeur voor de moeilijke taak van het overtuigen van anderen, doch het vereist ook de geestelijke mogelijkheid om op te nemen, te begrijpen, feiten en ideeën door te geven op een menselijke, overredende en acceptabele manier. Ook vraagt het om het vermogen

terug te vechten wanneer het niet gemakkelijk gaat. Met deze "aangeboren eigenschappen" dient men in het dienstverlenende bedrijf vooruit te komen. Maar - en dat is een hele grote "maar" - wanneer men het beste wil geven, vereist dat gretige bereidheid om de vele lessen op te nemen die in de "school van de ervaring" geleerd worden.

Niet alleen in de "één-leerlingschool" van hun eigen ervaring, maar ook door de levenslange ervaring van vele anderen.

Het is deze opgebouwde en vergaarde ervaring, die de leraren en dergelijke op school, bedrijf of daarbuiten, aan hem of haar doorgeven. En dat is, naar mijn stellige mening en ervaring hoe "geboren vakmensen" gemaakt kunnen worden.

GASTHEER, ZWAK OF STERK ?

Soms zijn mensen, waarvan wij altijd gedacht hadden, dat zij sterk waren, heel zwak, terwijl de man, die zo te zien futloos is, over een enorme reserve aan kracht beschikt. Soms is het alleen een krachtsvertoon dat ons misleidt en soms is er een crisis nodig om het beste uit een mens naar de oppervlakte te brengen, van wie wij dachten dat hij kleurloos en slap was. Opscheppen is geen kracht en een even oplaaiend succes is niet het kenmerk van sterke contactfunctionarissen.
Vaak is het de man of de vrouw die alleen maar doorgaat met doorgaan, die de meest betrouwbare medewerk(st)er van het bedrijf is. Ben je nu een sterke of ben je nu zwakke gastheer ? Lees verder en je zult het antwoord vinden. En maak je niet bezorgd. Je dient te begrijpen dat, hoewel niets ooit de sterke

persoon zal verzwakken, een zwakke persoon aan kracht kan winnen door vastberaden aan hogere idealen te beantwoorden. Een aantal onderscheidingen tussen een zwak en een sterk persoon wil ik graag aandragen:

Een zwakke gastheer of contactfunctionaris is nooit om een excuus verlegen. Crisistijden - het einde van de hoogconjunctuur - een moeilijke baan – Kerst-, Paas- of Pinksterdrukte - al deze factoren spelen dus een belangrijke rol. Het zijn even zovele redenen voor hem zich te verontschuldigen. De sterke gastheer of contactfunctionaris geeft zichzelf de schuld als bepaalde zaken mis gaan en hij of zij zal nog meer moeite doen deze zaken weer in orde te krijgen.

Iedere gastheer of contactfunctionaris kent de "moeilijke" periode. De sterke man vecht er tegen, terwijl de zwakkere de personeelsadvertenties nakijkt – zijn gebruikelijke lectuur ! Hij verandert zo vaak van baan, dat hij gemakkelijk een nieuwe hobby zou kunnen beginnen, namelijk het verzamelen van naamkaartjes.

De sterke gastheer of contactfunctionaris blijft loyaal, zelfs wanneer hij het niet eens is met de strategie van zijn bedrijf of wanneer zijn chef verzuimt aan een speciaal verzoek te voldoen. De zwakke gastheer of contactfunctionaris zingt de lof van zijn directeur van de daken, zweert eeuwige vriendschap aan iedereen in het bedrijf, tot op de dag iemand hem van zijn stuk brengt of het niet eens is met een speciaal verzoek, dan deugt er niets meer van.

De zwakke gastheer of contactfunctionaris vermijdt, waar mogelijk, het maken van rapporten en dergelijke. De sterke gastheer of contactfunctionaris vindt het maken van rapporten

vaak niet leuk, maar begrijpt dat er voor alles een reden is en maakt rapporten, zonder dat men hen aanmaningen moet geven.

\# De zwakke gastheer of contactfunctionaris is altijd bang het niet goed te doen. De sterke persoon daar in tegen weet gewoon dat hij het goed doet en over dat doen maakt hij zich dan ook geen zorgen.

\# De zwakke gastheer of contactfunctionaris accepteert alles. De sterke gastheer of contactfunctionaris bevredigt de redelijke behoeften van zijn gasten.

\# De zwakke gastheer of contactfunctionaris ontwijkt bezwaren van gasten: men laat elke complicatie, die voor- komt uit hun gebrek aan duidelijkheid over aan iemand die boven hen staat en die het later recht moet zetten. Hun sterke collega's zien elke moeilijkheid onder ogen tijdens hun werk en handelen er naar.

\# De zwakke gastheer of contactfunctionaris denkt alleen dat hij een enorme goodwill voor zijn bedrijf aan het kweken is, alleen maar door af en toe ter laten zien dat hij werkt. Men heeft dan het gevoel dat men beloond dient te worden voor zijn waarde als "public-relation-manager" (= P&R-manager) waarbij men zich helemaal niet realiseert, dat een advertentiecampagne een advertentiecampagne is en dat gastheerjas is een gastheerjas is en dat die twee niets met elkaar te maken hebben. Als gastheer of contactfunctionaris dien je voor je bedrijf altijd "goodwill" te kweken, maar een bedrijf kan zich slechts dan permitteren hen een baan te geven, wanneer zij die "goodwill" ook waar maken.

\# De zwakke gastheer of contactfunctionaris is altijd aan het mopperen. Niets schikt hem. De sterke persoon heeft zo nu en dan eens bezwaar maar men maakt er geen gewoonte van.

\# De zwakke gastheer of contactfunctionaris eist dit en eist dat, wanneer hij aan de top staat. De sterke gastheer of contactfunctionaris vraagt en bespreekt, onafhankelijk van zijn positie.

\# De sterke gastheer of contactfunctionaris houdt altijd van zijn werk. Men wil niets anders dan prettig omgaan met gasten. De zwakken willen graag in een tijd van hoogconjunctuur geld verdienen, maar zij benijden de sterken, zodra de eerste kille wind van de concurrentie opsteekt.

\# De zwakke gastheer of contactfunctionaris doet net of hij de "grote piet" is en de sterke persoon vermaakt zich kostelijk, wanneer hij toekijkt hoe die "grote piet" door zijn eigen daden bewijst, dat hij uiteindelijk alleen maar een "heel klein" persoontje is.

DE GASTHEER EN DE OMGANG MET GASTEN

Het omgaan met gasten is vaak moeilijk. Wij hebben het in de meeste gevallen niet geleerd hoe wij in positieve zin met mensen dienen om te gaan. Ook het leren van deze omgang is niet altijd eenvoudig.

Persoonlijkheid en mensenkennis is je niet altijd gegeven. Je dient er wel wat voor te doen. Je dient te leren je deze vormen eigen te maken. Dit proces heeft, mits je gemotiveerd bent, een gedragsverandering tot gevolg.

Het leren van omgangsvormen, het zich eigen maken van mensenkennis en het kweken van een juiste persoonlijkheid geeft een positieve uitbreiding van kennis en mogelijkheden tot het behoren in een "grotere" wereld.

Buiten deze zaken is er nog één belangrijk aspect dat nodig is voor het leren van mensenkennis en het vormen van je persoonlijkheid en dat is juist het omgaan met andere mensen.

Alles alleen doen is niet juist en je zult je doel ook niet bereiken. Om te leren en ervaring op te doen is het belangrijk je tussen mensen te begeven en er mee te praten.

Werk samen en observeer, stel samen vast en verwerk dan deze kennis. Groepsprestatie is altijd beter, dan de prestatie van de individuele, omdat het "het individueel" geen juiste kritiek levert. Groepswerk, groepsprestatie en groepsgesprekken nodigen meer uit tot een actief deelnemen in onze maatschappij. Om deel te nemen aan dit proces van benadering en omgaan met anderen c.q. gasten, dienen wij wel te voldoen aan:

- # intelligentie
- # sociale aanpassing
- # belangstelling voor anderen
- # persoonlijkheid
- # karakter

De **voordelen** voor jezelf zijn dan :

je activiteit vergroten
zelfwerkzaamheid
veiligheid
kritiek kunnen hebben en uiten
hulp van en aan elkaar

De **opvoedkundige** waarde is :

het leren luisteren naar anderen
het leren waarderen van andere meningen
een juiste mening te vormen
eren discussiëren
leren argumenteren
leren eigen mening te herzien
sociale uitzichten verkrijgen

De **psychologische** waarde is :

het verkrijgen van zelfvertrouwen
het verkrijgen van veiligheid voor jezelf
het vergroten van kennis en studieresultaat

De **lerende** waarde is :

dat problemen op een bepaald moment worden opgelost
de bereidheid wordt getoond om anderen te helpen
de bereidheid wordt geactiveerd tot luisteren en waarderen
dat het doen en laten wordt gemotiveerd
    Iedereen nu, die zich in het dienstverlenend en/of serveer-
    beroep wil bekwamen zal, indien hij wil slagen, zich dan ook
    "**positief**" dienen in te stellen. Dat betekent in bijna alle
    gevallen een heroriëntatie van eigen houding en herziening

van eigen normen en waarden. Die heroriëntatie en herziening kunnen dan resulteren in een optimale relatie tussen jezelf en je omgeving, waarbij onder "optimaal" wordt verstaan: "Onder de gegeven omstandig- heden de beste kansen biedend op zelfhandhaving , zelfontwikkeling en zelfontplooiing".

Fouten in de omgang met anderen zijn ons egoïsme en een tekort aan psychologische kennis ;
Ieder mens houdt van nature het meest van zichzelf en stelt daardoor hoofdzakelijker wijze het meeste belang in zichzelf en zijn aangelegenheden ;
De mens is niet in de eerste plaats een logisch wezen, maar een complex van gevoelens, verlangens en driften ;
De mens wordt niet in de eerste plaats gedreven door verstandelijke motieven, maar door allerlei onbewuste drijfveren.

Wanneer wij nu maar blijven leven en werken, uitgaande van boven- staande eigenschappen, dan zal onze omgang met anderen en onze persoonlijkheid achter - dus negatief - blijven. Maar wanneer wij ons volledig in de hand hebben, wanneer wij echt weten wie we zijn en wanneer we ook degenen zijn die we zijn, dan kunnen we ons werkelijk openstellen voor anderen, dus ook voor onze gasten. Voor het vormen van deze eigenschap zijn onderstaande punten voor de gastheer of contactfunctionaris van groot belang :

Alleen aan ons *zélf* zijn wij verantwoording verschuldigd voor hetgeen ons in ons leven overkomt. Wij doen alles wat we kunnen om veranderingen en verantwoording te ontlopen. We geven liever iets of iemand de schuld ervan dat wij ons niet gelukkig voelen, dan de nodige stappen te ondernemen om te zorgen dat wij ons wél beter voelen.
Als je het voornemen maakt, dat je jezelf wilt helpen, dan

kun je kiezen om voortaan die dingen te doen waardoor je je gelukkig gaat voelen, in plaats van dat je dingen doet die je een beroerd gevoel bezorgen.

Je kweekt geen durf en karakter, als je de ander zijn recht van initiatief en onafhankelijkheid ontneemt en/of betwist.
Elke uitoefening van macht en autoriteit van de ene mens over de andere mens, waar géén absolute noodzaak voor bestaat, is een daad en vorm van tirannie.
Als je de ander behandelt als de persoon die hij is, blijft hij zo. Maar wanneer je hem behandelt al was hij degene, die hij zou moeten zijn of zou kunnen zijn, wordt hij dat misschien.
Je helpt de ander niet door méér voor hem te doen dan hij voor zichzelf zou kunnen doen.
Geef één ieder ruimschoots de erkenning waarop hij recht heeft of recht meent te hebben.
Praat met anderen niet teveel over jezelf en over je moeilijkheden of alleen over dingen die jezelf interesseren.
Breng de ander eens aan het praten over zichzelf en over de dingen die hem interesseren.
Vraag de ander ook eens naar zijn mening of vraag hem ook eens om raad.
Je moet wél je wil inschakelen om te bereiken wat je werkelijk wilt doen.
Wanneer je een fout maakt, durf dan ook eens die fout toe te geven en schuif niet altijd die schuld naar anderen toe.

Gezien bovenstaande punten zou je als hoofdformule in gedachte dienen te nemen:

Denk nooit alleen aan jezelf, denk ook eens aan de ander.
En wel in het belang van jezelf, zowel in het belang van de ander

De omgangsvormen

Een fout of vergissing bij de vaktechnische uitvoering van het serveren zal door de meeste gasten wel worden vergeven, maar een fout of vergissing in je omgangsvormen zal in de meeste gevallen niet verontschuldigd, noch vergeten worden.
Belangrijke factoren voor goede omgangsvormen zijn een goede en juiste opvoeding, alsmede een goed geschoolde opleiding. Daarnaast zijn belangrijk de juiste houdings- en omgangsvormen in acht te nemen of aan te leren, te weten :

- \# Als je bij een bedrijf bent aangenomen, stel je dan eerst voor aan je superieuren en daarna aan het andere personeel ;
- \# Als je met gasten, superieuren en ouderen meeloopt, blijf dan steeds aan hun linkerzijde en loop niet met de handen in de zakken ;
- \# Als je moet hoesten of niezen, doe dit dan zo geruisloos mogelijk en gebruik steeds je hand of een schone zakdoek voor neus en mond ;
- \# Val tijdens een gesprek, je gasten en je superieuren niet in

de rede, maar wacht tot zij zijn uitgesproken en geef pas daarna je eigen mening of antwoord ;
Als je tijdens je werkuren zit en een gast of superieur vraagt je iets, sta dan op om hen te antwoorden ;
Luister nóóit naar de gesprekken die gasten onderling voeren ;
Praat nóóit in het bijzijn van gasten over zaken die hun niet aangaan ;
Laat nóóit in het bijzijn van gasten hun medegasten het onderwerp van gesprek zijn ;
Veel praten en lachen met collega's in het bijzijn van gasten is onbehoorlijk en irriterend ;
Meng gasten nóóit in kwesties tussen je collega's of superieuren ;
Denk nóóit dat vreemdelingen of buitenstaanders onze taal niet verstaan, want dit kan tot onaangename gevolgen leiden ;
Bij het opnemen van bestellingen of tijdens het voeren van een gesprek met gasten is het niet toegestaan tegen tafel of stoelen te leunen ;
Luister met sympathie naar het verhaal van de moeilijkheden van de ander, met andere woorden: geef weinig raad, maar veel sympathie ;
Hinderlijke en irriterende gewoonten zijn en blijven: geeuwen, in de neus peuteren, met de handen door het haar woelen, luidruchtig je neus ophalen of snuiten, je diendoek door je gezicht halen, onder de arm dragen, in je zak steken of als dweil of stofdoek te gebruiken, met je vinger of tandenstoker je gebit bewerken enzovoorts ;
Wanneer iemand bedroefd of verdrietig is, begin dan niet terstond hem of haar te troosten, doch toon in eerste instantie je medegevoel ;
Wanneer iemand woedend is, laat hem of har dan eerst uitrazen, Stem met hem of haar in en toon begrip ;

- # Wanneer iemand bij je komt met een klacht, ga dan niet onmiddellijk met de ander argumenteren. Hoor de gast geduldig aan, toon begrip en sympathie ;
- # Argumenteer nóóit met een klager en spreek een gast nóóit tegen ;
- # Wanneer een bezoek(st)er je ongelegen komt, laat hem dat dan niet aanstonds merken, maar toon begrip ;
- # Wanneer je je beklag maakt over de handelswijze van een ander, vermijdt dan angstvallig zijn gevoel voor gewichtigheid te kwetsen ;
- # Wees voorzichtig met spot, ironie, sarcasme en anderen te kleineren ;
- # Wanneer je de ander iets onaangenaams moet zeggen, begin dan met hem iets aangenaams te zeggen ;
- # Wanneer je een ander een dienst bewijst, laat hem zich dan niet je schuldenaar voelen ;
- # Wees superieur aan anderen, indien dat mogelijk is, doch laat anderen je superioriteit niet voelen ;
- # Tracht jezelf in de plaats van de ander te stellen en geef ieder mens de eer die hem toekomt ;
- # Spreek de gasten aan met de juiste namen, bijvoorbeeld adellijke gasten met hun titels, zoals "Mijnheer de Baron" , "Jonkheer" , "Freule" etc. Militairen in uniform bij hun rang, mits je op de hoogte bent met hun distinctieven (= onderscheidingstekens)
- # Zorg er tenslotte voor, wanneer je met de gasten spreekt, dat je een rustige en ingetogen houding bewaart. Het geheel doet niets aan je persoonlijkheid af ; het is de grondslag waarop het horecabedrijf rust ;

De omgang met anderen c.q. gasten is vaak moeilijk. Wij weten in sommige gevallen onze houding of standpunt niet te bepalen. Doch er zijn regels die de omgang vergemakkelijken en kunnen bevorderen, te weten:

- \# Spreek de mensen c.q. gasten aan. Niets is zo prettig als een vriendelijke groet ;
- \# Noem eenieder bij zijn eigen naam. De fijnste muziek voor iemands oren is het horen van zijn eigen naam ;
- \# Wees vriendelijk en behulpzaam ;
- \# Wees hoffelijk en spreek en handel alsof alles wat je doet een genoegen is ;
- \# Glimlach tegen mensen c.q. gasten. Er zijn namelijk 72 spieren nodig om te fronsen, doch slechts 15 om te glimlachen ;
- \# Wees royaal met lof en voorzichtig met het uiten van kritiek en spaar de gevoelens van anderen ;
- \# Wees hulpvaardig, want wat we doen voor anderen, telt het meest in het leven ;
- \# Heb werkelijk belangstelling voor mensen en waardeer ook hun werk ;
- \# Voeg bij voorgaande punten een gevoel voor humor, een dosis geduld en een klein beetje nederigheid en je zult zien dat je omgang met anderen wordt beloond.

DE GASTHEER EN DE TECHNIEK VAN VERKOPEN

'**Verkopen**' is en blijft een belangrijk onderdeel van de dagelijkse werkzaamheden van een gastheer. Om die juiste '**verkoop**' tot stand te brengen zal men :

inzicht dienen te krijgen in de wensen van de gast ;
de gast tot inzicht moeten kunnen brengen waarom het aangeboden product het best aan deze wensen beantwoordt
bezwaren, die bij de gast eventueel blijken te bestaan, uit de weg te ruimen ;
de gast volledig moeten kunnen inlichten over het product, drank of gerecht ;
de gast moeten kunnen bewegen tot de "koop" over te gaan

De technieken

Bij het "verkopen" dient de gastheer zich wel aan een aantal spelregels te houden. Deze spelregels bevorderen niet alleen de "verkoop", maar bevorderen ook de eigen "goodwill" De belangrijkste van die spelregels zijn :

Het kunnen onderscheiden van kleine details

Een bestelling is zelden het resultaat van plotselinge inspiratie of een schitterende expositie van een bijzondere eigenschap van een gerecht of product. Het is de kroon op belangrijke ontwikkelingen en honderd en één kleine details, allemaal zorgvuldig gepland voor één doel.
Alles telt in de "verkoop" , van het eerste vage idee in het hoofd van de horeca-eigenaar of manager tot een reclamecampagne – en dan rechtstreeks in de presentatie.

Kunnen nagels een bestelling kosten ? Het lijkt belachelijk om dat te denken, maar ze kunnen wel degelijk invloed hebben op de bestelling.
Een dode vlieg in de etalage van een banketbakkerswinkel kan ervoor zorgen , dat een voorbijganger voorbij blijft gaan. Een dergelijk onbelangrijk detail kan het bedrijf geld en klanten c.q. gasten kosten.
Nagels zullen afleiden van de verkoopkracht van een verfijnde en kleurige menukaart. Schone en goed onderhouden nagels zullen nooit een bestelling kosten.
Waarschijnlijk zullen 90% van degenen die deze woorden lezen, geïrriteerd raken omdat ik voor persoonlijke hygiëne voor het dienstverlenende en serveerpersoneel pleit. Dat zijn mensen die hun haar regelmatig knippen of verzorgen, niet naar transpiratie ruiken - een veel voorkomend euvel bij bedienend personeel - en die er niet aan zouden denken, onverzorgd ergens te komen, slordig en met vuile nagels, laat staan in hun werk.
Slechte adem ergert een gast ook. Het kan veroorzaakt worden door het eten. Het kan natuurlijk ook een nerveuze oorzaak hebben en het kan veroorzaakt worden door te weinig tandheelkundige verzorging.
Wat de oorzaak ook moge zijn, men dient alles te doen om dit te verhelpen. Voedsel zoals uien, knoflook en dergelijke dient men tijdens de werkdag niet te eten. Ook bier of sterke drank dient men te mijden, tenzij het zakelijk onvermijdelijk is.
Moeilijk ? Och, als men succes wilt hebben, dient men een prijs te betalen. Het zijn toch maar kleine offers.
Iedereen die in het dienstverlenende beroep werkt, dient zich dan ook af te vragen : "Slaat dit ook op mij ?".
Kleine details betekenen veel, zelfs heel veel, vooral voor iemand die de top wil bereiken.

Opgewektheid

Niemand stelt het gezelschap van mistroostige of deprimerende mensen op prijs, gasten allerminst. De meeste van ons hebben zelf genoeg zorgen, zonder dat we naar klachten en ongelukjes van betrekkelijk vreemden luisteren. Zelfs leden van één familie zijn er niet bepaald op gebrand, aan te horen, hoe een zusje of broer of één van de ouders hun operaties in alle details beschrijven of over de decadentie van de moderne samenleving oreren.
Waarom zouden gasten dan naar dergelijke praatjes van het bedienend personeel willen luisteren ?
De eerste stap naar het ontwikkelen van een vrolijke en opgewekte persoonlijkheid bestaat hierin, dat je anderen niet met je moeilijkheden verveelt : - "Ik heb barstende koppijn ", "Ik ben afschuwelijk verkouden" - doe het niet. Waarom zou het je geen genoegen doen een gast te ontvangen ? Tenslotte is hij ons dagelijks brood. Zonder hem zou er weinig zijn om over te glimlachen, van zijn bestelling, misschien keer op keer herhaald, zijn je toekomstplannen en vooruitzichten op promotie afhankelijk. Wanneer je niet blij bent hem te ontvangen, hem graag te adviseren, dan dien je het dienstverlenende vak snel te verlaten.

Vriendelijkheid

De meeste van ons willen graag dat men ons aardig vindt. Dat hindert ook helemaal niet. Het is menselijk genoeg en de wereld zou een gelukkiger oord zijn wanneer wij allemaal zo dachten.
Maar uiteraard dient er een punt te zijn, waar het zwak wordt, nog verder te buigen, teneinde geen risico te lopen.
Diverse mensen hebben verschillende ideeën ten aanzien van het bereiken van dit punt. Ik geloof, en in feite weet ik, dat ik in het begin van mijn loopbaan veel te vlug bereid was de negatieve reacties van mijn gasten te accepteren. Ik wilde vermijden dat hij dacht dat ik een "hogedruk-figuur" was, die probeerde een goede

bestelling uit hem te wringen. Ik wilde graag laten zien, dat ik een tegenslag als een man wist te dragen.

"Jij bent véél te vriendelijk". Deze woorden werden uitgesproken door mijn eerste chef, de Heer Bosch. Zijn woorden troffen onmiddellijk doel. Zij schenen in mijn ogen niet fair. Ze schenen mijn "man-zijn" aan te tasten. Doch mijn chef had gelijk en hij legde het mij als volgt uit: "Kijk, jij bent een aardige knul". "Dat dien je wel zo te laten". "Het is een deugd wanneer mensen en onze gasten je graag mogen". "Ik vraag je niet je aard of je persoonlijkheid te veranderen". "Het is alleen maar dat je jezelf, je bedrijf en je familie in de steek laat door té vlug op te geven uit angst dat je een ander, dus de gast, boos maakt". "Ik verzeker je, dat je ze helemaal niet boos maakt, wanneer je jezelf schrap zet en vecht in plaats van jezelf terug te trekken met een glimlach".
Wel, ik nam zijn advies ter harte. Het werkte en ik begon langzamerhand een goede kelner te worden. Het is daarbij interessant te bedenken, dat ik maar hoogst zelden een gast door mijn vasthoudendheid op stang heb gejaagd.

Hoffelijkheid

De echte gastheer laat zich niet van streek brengen door onbeleefdheid en hij wordt niet geschokt door sarcasme. Met hoffelijkheid én geduld kalmeert hij ongemerkt zijn gasten en bewaart zodoende niet alleen de "goodwill", maar verbetert deze ook. Een gastheer die weet hoe het hoort, heeft dan ook altijd goede verhoudingen met zijn gasten gekweekt.

Een recent onderzoek heeft uitgewezen, dat slechts 6 op de 20 gastheren in feite graag gezien zijn bij hun gasten. Daarom is het zo belangrijk de principes van goede menselijke relaties in ons dagelijks leven en werk toe te passen. Dan pas kunnen we hopen een plaatsje in die kleine kring van graag geziene gasten te veroveren. Dit zal er zeker toe bijdragen een persoonlijk streepje voor te hebben op anderen.

Sympathie tonen

Voor de omgang met gasten is het een absolute vereiste, dat wij de kunst verstaan ons medegevoel te tonen. Ik zeg met opzet: "**tonen**".

Het gaat er namelijk om de gast door onze uiterlijke houding, dus door onze gelaatsuitdrukking, onze woorden en onze toon, de indruk te geven dat wij hem mogen. Op die indruk komt het dan ook aan.
Het allerbeste zou natuurlijk zijn, dat dat "mogen" niet alleen uiterlijk is, maar ook innerlijk. Ik weet uit ervaring dat dit niet altijd mogelijk is. Daarom wil ik toegeven dat, voor een juiste harmonische omgang met gasten, een goede en juiste uiterlijke houding voldoende is.
Door ons te oefenen in het uiterlijk tonen van medegevoel en sympathie tegenover onze gasten, ontwikkelen we automatisch ons vermogen om werkelijk met gasten mee te voelen.
Toon daarom altijd je sympathie door je uiterlijke houding, door je woorden, door je toon en door je gelaatsuitdrukking.
Laat de gast altijd voelen dat je hem begrijpt en dat je met hem meevoelt.

Het kunnen omgaan met minderwaardigheidsgevoelens

Men kan over dit onderwerp niet dogmatisch zijn, maar er zijn enige tekenen die een minderwaardigheids- complex ten vollen aantonen, te weten:

- # wanneer iemand zeer vijandig is ;
- # wanneer iemand opschept ;
- # wanneer iemand om een kleine oorzaak vloekt ;
  (veel topmensen hebben die gewoonte)
- # wanneer de' grappenmaker' het ene verhaal na het andere vertelt, en nooit ophoudt, dan tracht hij vast en zeker iets verbergen ;
- # wanneer iemand uit de hoogte gaat praten.

Het "minderwaardigheidscomplex" in ons komt naar de oppervlakte wanneer we het gevoel hebben dat anderen helemaal niet snappen hoe belangrijk wij wel zijn.

Een gast kun je in het harnas jagen door je houding. Dit hoeft helemaal niet te komen door agressiviteit of een overdonderend optreden. Het kan net zo makkelijk plaatsvinden door onverschilligheid.

Wanneer iets binnen in hem vertelt dat je niet onder de indruk bent van zijn grootheid, zal iets in hem mompelen: " Ik mag hem (of haar) niet !"

Je dient ten alle tijden de gast het gevoel te geven dat hij belangrijk is. Het doet er niet toe of hij eigenaar is van een kruidenierswinkeltje of een directeur van een multinational, een stratenmaker of een voorzitter van een voetbalclub.

Wanneer miljonairs, die enorm succesvol zijn, er door aangegrepen worden, kan tenslotte niemand het ons kwalijk nemen, wanneer we soms behoefte hebben aan waardering voor hetgeen we in het leven hebben bereikt. En eenieder van onze gasten of mogelijke gasten heeft iets bereikt waarop hij trots kan zijn. Het kan zijn hobby zijn, zijn prestaties in de sport, zijn technische kennis en dergelijke en kan de man met wie je spreekt zijn trots en vreugde zijn. Door al deze zaken gaan mensen zich belangrijk voelen.

Gebrek aan waardering zet het minderwaardigheidscomplex in werking

Waardering van de activiteiten van een en ander zal het minderwaardigheidscomplex van hem diep naar zijn onderbewustzijn verjagen waar het zal blijven tot iemand anders het weer naar boven haalt. Maar voor zover het jezelf betreft, zolang het netjes weggestopt is zal hij bereid én in staat zijn "zaken" met je te doen.

Vertrouwen schenken

De gastheer of contactfunctionaris dient vertrouwen te scheppen, maar vaak verwekt hij wantrouwen vanaf het moment dat hij begint. Men dient te beseffen dat men altijd zekere regels in acht dient te nemen voor het vestigen van vertrouwen. Gastheren of zij die het dienstverlenen als beroep hebben gekozen, dienen op de eerste plaats vertrouwen te hebben in hun bedrijf en "zijn" product.

De zogenaamde contactfunctionaris is en mag geen zwendelaar zijn. Hij zal en dient een prettig gevoel te scheppen tussen zichzelf en zijn gasten. Aangezien dat hij weet dat zijn advies de gast voordeel zal brengen, zal hij geen bezwaren hebben om al het mogelijke te doen voor het verkrijgen van een goede bestelling.
Het bedienend en serveerpersoneel dient vertrouwen te wekken door de zorgvuldige manier waarmee zij hun gasten benaderen. Zij dienen vertrouwen te wekken door hun kennis van de problemen van hun gasten. Zij dienen vertrouwen te wekken door hun bereidheid naar de moeilijkheden van hun gasten te luisteren.
Vertrouwen steunt in het dienstverlenende bedrijf op drie zaken. De gast dient vertrouwen te hebben in de "gastheer", in het "bedrijf" en diens "product".

Ik geloof dat vertrouwen in de gastheer van het grootste belang is, want zodra dit tot stand gekomen is, zal de gast bijna automatisch ook vertrouwen hebben in het bedrijf en het product.

Het kunnen stellen van vragen

Het is een opmerkelijk feit, dat vele mensen in het dienstverlenende beroep een zekere schroom voelen voor het stellen van vragen. Zij denken dan onbescheiden te zullen zijn en de indruk te wekken van nieuwsgierigheid.
Door de juiste vragen te stellen is het gemakkelijk zelfs de meest gesloten en verlegen gast aan het praten te krijgen. Het komt echter aan op het stellen van de juiste vragen op de juiste manier.
Dit nu, vereist van de gastheer of contactfunctionaris een zekere mate van aanvoelen. De gast of de andere persoon dient vooreerst de indruk te krijgen, dat de gestelde vragen worden ingegeven niet door verregaande nieuwsgierigheid, maar door werkelijke belangstelling in zijn persoon.
Het is niet persé nodig, dat die belangstelling inderdaad bestaat. Natuurlijk is dit wel het beste, maar het is praktisch niet altijd mogelijk werkelijk belang te stellen in iedere gast met wie men in aanraking komt.
Zijn persoonlijkheid is daarvoor in vele gevallen voor ons te onbeduidend en zijn meningen en ervaringen zijn dit vaak nog meer.
Het is voor de goede gastheer en contactfunctionaris reeds voldoende, indien hij door zijn vraag aan de gast de indruk wekt van werkelijke belangstelling. Dit kan worden bereikt door de wijze waarop men de vraag stelt, namelijk door de juiste toon en de juiste gelaatsuitdrukking. De wijze waarop een vraag gesteld wordt, is gewoonlijk veel belangrijker dan die vraag zelf.
Nemen wij bijvoorbeeld de vraag: "Hoe gaat het met U ?" of "Hoe maakt U het ?". Uiteraard is dit een uiterst algemene banale vraag. Niettemin is het voor ons toch mogelijk door de wijze

waarop wij de vraag stellen, door onze toon en gelaatsuitdrukking, in deze eenvoudige vraag een heel bijzondere belangstelling te leggen, welke de ander weldadig en fijn aandoet. Een gastheer of contactfunctionaris dient tegenover zijn gasten een viertal vragen angstvallig te vermijden, te weten:

onbescheiden vragen :
Bij deze vragen wekken we bij de gasten de indruk dat we trachten hen uit te horen uit ongepaste nieuwsgierigheid. Wanneer je, na een vraag gesteld te hebben, bemerkt dat de gast er enigszins door in verlegenheid geraakt en probeert een rechtstreeks antwoord te ontwijken, dan dien je onmiddellijk te stoppen. Door toch erop door te gaan zou je de gast kunnen kwetsen of mishagen.

ontactische vragen :
Deze soort vragen kunnen alleen maar gesteld worden door dië gastheren of contactfunctionarissen die zich niet voldoende in de geestestoestand van een gast hebben kunnen verdiepen, waardoor soms veel verdriet en onbe--`` hagen wordt gekweekt.

domme vragen :
Hierop behoef ik, dacht ik zo, wel niet verder in te gaan. Iedereen weet wel wat hiermee bedoeld wordt. Dergelijke vragen, welke totaal overbodig zijn en die men niet gesteld zou hebben als men slechts één seconde zijn hersens gebruikt had, irriteren de gast uitermate.

verwaande vragen :
Dit soort vragen hebben uitsluitend ten doel de gast te laten merken hoe goed men op de hoogte is van het één of ander. Verwaande vragen worden nogal eens gesteld door leken aan vakmensen, uiteraard tot ergernis van deze laatsten.

Kritiek uitoefenen

Kritiek op iemand uitoefenen kan vernederend werken, maar ook opbouwend. Wanneer je kritiek uitoefent op een ander, wanneer je hem opmerkzaam maakt op een fout of hem een aanmerking maakt, dan wil je daardoor iets bereiken, nietwaar ?

Indien het je alleen te doen is om je eigen gevoel van gewichtigheid te vergroten of je ergernis af te reageren, wel, ga je gang ! Zeg gewoon die ander dan maar ronduit waar het op staat. Natuurlijk kwets je die ander. Maar wat hindert dat nou ? JIJ voelt je behaaglijk en tenminste opgelucht, en daar gaat het toch om, nietwaar ?

Maar ik dien je helaas toch te waarschuwen dat, als je op deze wijze kritiek uitoefent, je op de verkeerde weg bent.

Indien je de ander wilt verbeteren door je kritiek of aanmerking, dan zal je toch op een andere manier dienen aan te pakken.

Wanneer we een fout begaan hebben, dan willen we dat door onszelf nog wel toegeven. Maar wanneer een ander ons op ontactische en ruwe wijze die fout onder de ogen brengen en ons wil dwingen om ongelijk te bekennen, dan komen we onmiddellijk in opstand.

Wat we zo juist heimelijk voor ons zelf hadden bekend, gaan we nu met grote felheid te lijf. Als gastheer of contactfunctionaris mag je daarom nóóit of te nimmer een ander, wie het ook is, werkelijk verbeteren door scherpe kritiek of onvriendelijke verwijten. Je bereikt er ongetwijfeld iets mee, maar ik meen juist het tegenovergestelde van wat je wilt bereiken. Begin daarmee altijd met de ander iets prettigs te zeggen. Iets wat hij graag hoort. Iets, waardoor hij zich gevleid voelt. Pas - bij het geven van kritiek dus - er altijd voor op dat je het gevoel van gewichtigheid niet raakt of beschadigd. Breng de ander eerst altijd in een gunstige stemming. Deze stemming compenseert het pijnlijke van hetgeen je hem daarna gaat zeggen. Zeg dan het pijnlijke of onprettige op de minst onprettige wijze, op een vriendelijke toon en zo tactvol mogelijk.

Het kunnen adviseren

Adviseren wil letterlijk zeggen: "Iemand iets aanraden".
In het horecabedrijf wordt het dienstverlenend personeel bijna elke dag geconfronteerd met dit begrip. Begrijpelijk is dan ook dat dit adviseren met de meest mogelijke tact en inzicht dient te gebeuren.
Van de 10 gasten, die het dienstverlenend personeel om advies vragen, zijn er 7 die reeds vooraf hun besluit genomen hebben en eigenlijk alleen maar advies vragen, omdat zij hopen en verwachten, dat de gastheer zal instemmen met hun zienswijze en keuze en zij zich, als alles tegenstaat, op die gastheer zullen beroepen.
Een advies, dat niet overeenstemt met hun verlangen, wordt dan ook maar zelden nagekomen.

Een besluit voor een gast houdt namelijk altijd een keuze in, een keuze tussen twee oplossingen : hetzij het advies opvolgen, hetzij het advies naast zich neerleggen. De keuze zou voor een gast heel gemakkelijk kunnen zijn, indien aan het ene alleen voordelen en aan het andere alleen nadelen verbonden waren. Maar gewoonlijk is dat nooit het geval. Meestal zijn aan elk van beide oplossingen zowel voordelen als nadelen verbonden en hoe meer deze tegen elkaar opwegen, des te moeilijker wordt het een keuze te doen en een besluit te nemen. Vandaar dat vele gasten in dergelijke gevallen aarzelen en twijfelen. En aangezien men niet tot een beslissing kan komen, zal men er gemakkelijk toe komen aan te kloppen voor advies.

Wanneer nu zo'n gast in zulk geval om advies vraagt, zal hij heimelijk hopen, dat de gastheer of contactfunctionaris hem zal aanraden te bestellen wat hij graag zou willen bestellen, maar niet goed durft te doen. In het advies hoopt hij dan de morele steun te vinden voor zijn wensen. Maar gaat nu dat advies lijnrecht tegen zijn geheime wens in, dan zal hij in de meeste gevallen dat advies niet opvolgen.

Ik geloof dat die gasten zich niet bewust zijn van het feit, dat zij innerlijk reeds min of meer een besluit hebben genomen. De gast is gewoonlijk te goeder trouw bij zijn vragen naar advies. Hij is er voor zichzelf van overtuigd, dat hij geen ander doel nastreeft dan het vinden van de juiste oplossing van zijn "probleem".

Maar er is nog een reden voor gasten om advies te vragen en waarmee ernstig rekening dient te worden gehouden. Namelijk die gasten, die in werkelijkheid helemaal geen advies vragen, maar alleen sympathie en medegevoel zoeken. Deze gasten zitten vaak in moeilijkheden en tobben daar aldoor over. Zij moeten en willen er dan vaak met anderen over praten. Wat zo'n gast in de allereerste plaats zoekt is geen advies, maar begrip, medegevoel en bemoediging voor of in hun situatie.

Heel veel gastheren of contactfunctionarissen voelen dit niet zo aan en beginnen gelijk met het geven van advies, in plaats van met het tonen van begrip. Door op deze wijze te handelen stellen zij die gast diep teleur.

Bij het geven van advies dien je dan ook altijd eerst goed te luisteren, dan kom je te weten wat de gast wil en wat voor bedoeling achter zijn vragen zit.

Er is echter nog een derde categorie adviesvragers waar het dienst- verlenend personeel uiterst waakzaam voor dienen te zijn. En ik wil dan ook waarschuwen om bij dit soort gasten op je tellen te passen. Dit zijn namelijk gasten die alleen maar advies vragen om je op je vakkennis te testen. Ze proberen je in de val te lokken door naar de bekende weg te vragen of ze zoeken bewust naar zwakke plekken in je persoonlijkheid om zelf op een hoger voetstuk te komen.

Deze gasten zijn vaak collega's, die in een ander bedrijf werken, horecaondernemers, vakdocenten van horeca-opleidingen, studenten van horeca-opleidingen of mensen die denken dat ze verstand hebben van bepaalde zaken.

Mijn advies is dan ook: Luister hoe de vraagstelling is, overdenk je antwoord en geef hen de erkenning waar zij om vragen. Zoals je ziet, is geven van advies bijna altijd een delicate kwestie, omdat het zo uiterst moeilijk is zich geheel te verplaatsen in de persoonlijkheid en in de omstandigheden van de betrokken gast. Dit alles is beslist noodzakelijk om tot een juist advies te komen.

Klachten behandelen

Klachten of verwijten komen – helaas moet ik zeggen - heden ten dage nogal eens voor in menig horecabedrijf. Wanneer een gast bij je komt met een klacht of verwijt, behandel hem dan steeds met de uiterste tact. Zijn klacht of verwijt mag dan in onze ogen nog zo onbeduidend zijn, nog zo onredelijk of nog zo onbillijk, voor de klagende gast zelf is de klacht of verwijt wél belangrijk, redelijk en billijk. Hij is er op dat moment geheel vervuld van en verkeert in een "gevaarlijke" toestand. Hij heeft namelijk voor zichzelf de overtuiging dat hem op dat moment onrecht is aangedaan, dat hij niet billijk is behandeld en dat hem tekort is gedaan. De gast is verbitterd, gekrenkt en teleurgesteld. Om die reden verkeert hij in een gespannen toestand en is daardoor buitengewoon gevoelig en kwetsbaar.

Eén verkeerd woord van de gastheer of contactfunctionaris, of een schouder ophalen of het fronsen van de wenkbrauwen is voldoende om hem te doen ontploffen.

Voor het dienstverlenende personeel wordt nu de "kunst van de omgang" op een zware proef gesteld. Nu kun je jezelf toetsen hoever je gevorderd bent in de juiste omgang en benadering en wat er nog aan ontbreekt. In zo'n situatie heb je de gelegenheid te kiezen tussen een schitterende overwinning of een jammerlijk falen.

Er is vooral één fout, waarvoor je bij het behandelen van klachten dient uit te kijken. Een kapitale fout, welke steeds opnieuw begaan wordt. Die fout is : aanstonds beginnen met het zich verdedigen, tegen te spreken en/of te argumenteren. Daarmee bereik je niets. Of nee, eigenlijk is die opvatting niet juist. Je bereikt er wel iets mee, namelijk een hoop last en onaangenaamheden. Je raakt met de gast verwikkeld in een nutteloze woordenstrijd, welke - gezien de gespannen toestand van die gast - zeer waarschijnlijk zal ontaarden in een hooglopende ruzie. Tenslotte gaat men uiteen : beiden boos en onbevredigd en elk er van overtuigd dat hij mogelijk aan zijn zijde had. In dergelijke gevallen van klachten is argumenteren altijd het allerlaatste wat je dient te doen.

In zo'n situatie begin je weer met het tonen van begrip voor de klacht van de gast. Laat de gast rustig zijn klacht of verhaal uitvertellen en luister met een portie geduld. Laat vervolgens de klacht op je inwerken, val hem niet in de rede en spreek hem onder geen voorwaarde tegen. Geef hem in eerste instantie zoveel mogelijk gelijk. Laat hem door je houding voelen dat je hem begrijpt. Mocht nu blijken, dat de klacht van de gast werkelijk gegrond is en het ongelijk aan jouw kant, erken dan loyaal en volmondig die fout of vergissing. Betuig je spijt, bied je verontschuldiging aan en geef hem de verzekering dat de gemaakte fout of vergissing zich niet meer zal herhalen. Je hebt nu door je tactisch optreden de gast behouden en voor goed aan je gebonden.

Bezwaren oplossen

De gast die een bezwaar oppert, opent in feite een klein raampje naar zijn gedachtewereld en staat je toe een blik naar "binnen" te werpen. Hij geeft je de kans, de geestelijke versperring te lokaliseren, die je op dat moment belet door te gaan.
Wanneer je nu op bevredigende wijze deze versperring kunt verwijderen, die hij voor je belicht heeft, komt de bestelling dichter bij een succesvol eind.
Misschien zijn er meerdere van deze obstakels en faal je toch bij één ervan. Door ze echter van te voren te bestuderen en door je erop te prepareren om ze te verwijderen - en nog vóór ze er zijn - vergroot je absoluut je kansen op succes.
Je vraagt nu misschien waarom het noodzakelijk is een speciale studie van bezwaren te maken ? Deze vraag kan ik met twee redenen omkleden:
De eerste reden is, dat ons instinct ons geen goede diensten bewijst, wanneer wij met een bezwaar geconfronteerd worden en dat instinctieve antwoorden op bezwaren doorgaans nogal zwak zijn. Wij dienen iets krachtigs te hebben, iets dat niet tracht het bezwaar te verontschuldigen, maar iets dat wel een weloverwogen logisch antwoord op het bezwaar is.
Er is een tweede reden waarom bezwaren bestudeerd dienen te worden. Gewoonlijk krijg je geen waarschuwing dat een bezwaar op komst is. Wanneer het eenmaal geopperd is, heb je slechts één of twee kostbare seconden om over het antwoord na te denken.
Het oude gezegde: "Een gewaarschuwd man telt voor twee" , is zo juist, wanneer het wordt toegepast bij het behandelen van bezwaren.
Omdat zoveel bedienend personeel en contactfunctionarissen noch gewaarschuwd, noch gewapend is, rillen zij voortdurend wanneer zij zich geconfronteerd zien met bezwaren.

Daarom dien je te leren luisteren naar een bezwaar. Ik bedoel dan ook echt luisteren. Je mag geen enkel teken laten zien van je ongeduld en erop springen om het bezwaar de grond in te stampen.
Je mag geen angstige uitdrukking op je gezicht laten komen, die een gebrek aan vertrouwen toont in je vermogen om de situatie de baas te blijven. Je dient gewoon rustig te luisteren, geduldig en beleefd, tot je het bezwaar volledig hebt gehoord. Geef de gast de kans zijn bezwaar helemaal uit te spreken en uit te leggen. Laat er geen twijfel bij hem bestaan dat je goed begrijpt wat zijn bezwaar is.
Nu komt de clou : Je hebt geluisterd naar hetgeen hij te zeggen had. De lichten staan op **rood**. Een goede gastheer of contactfunctionaris zet ze nu op **groen**.

Het kunnen luisteren

In het horecabedrijf heerst vaak de volgende misvatting: Om belangrijk te zijn dient men interessant te kunnen praten.
Ik moet echter dan wel opmerken dat deze mening grotendeels onjuist is. Zeker, een interessant prater kan wel, gedurende een korte tijd, anderen boeien of bekoren, maar als men zo iemand te vaak ontmoet, krijgt men al snel genoeg van al dat gepraat.
Waarom ? Omdat bijna al die verhalen altijd over hem zelf en over zijn avonturen en belevenissen gaan. Je zult vaak tot de ontdekking komen dat deze interessante praters ijdele, met zichzelf ingenomen mensen zijn.
Ze kunnen altijd uitstekend uit de voeten met hun woorden, maar kunnen gewoonlijk heel slecht luisteren. Ze horen zichzelf zo graag praten, dat ze maar bitter weinig geduld en belangstelling over houden voor de verhalen van anderen.

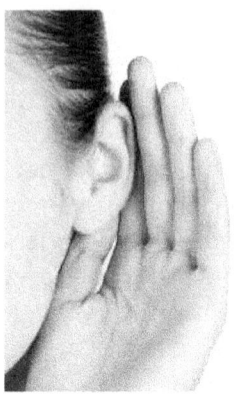

Aangezien echter ieder mens van nature het meeste belang stelt in zijn eigen belevenissen en avonturen, begint het voortdurend gepraat van die ander, die hem aanvankelijk boeide, op een gegeven moment te irriteren en te vervelen.

Maar er is echter één mensentype die nóóit verveelt. Hij is overal en altijd welkom en wordt altijd met open armen ontvangen. Dit mensentype is : **de luisteraar met belangstelling**

Voor de gastheer of contactfunctionaris in het internationale horecabedrijf is *luisteren* een belangrijke eigenschap, die niet meer weg te denken is.

Velen onder ons bezitten die eigenschap in het geheel niet. Toch is het beslist noodzakelijk in de omgang met anderen c.q. gasten. En wil je die kunst van omgaan met anderen c.q. gasten leren, oefen dan steeds in de kunst van het luisteren.

Wil je als gastheer of contactfunctionaris doorgaan als een goede prater, wees dan zeker een goede luisteraar. Je zult gasten nóóit vervelen of mishagen. De kunst van het praten bestaat voor één kwart uit praten en voor drie kwart uit luisteren. Ook voor ons als gastheer of contactfunctionaris.

DE GASTHEER EN GEZEGDEN

Tientallen jaren geleden logeerde ik in een Duits hotel en wat mij verwonderde was, dat er op de kaart van het menu van de week een spreuk stond vermeld. Bij navraag bleek dat er elke week op de kaart van het menu van de week een nieuwe spreuk, zegswijze, uitdrukking of gezegde werd gebezigd. De eigenaar wilde zo aan zijn gasten een zekere norm en waarde aandragen. Daarnaast vond hij het ook zinvol voor zijn, vooral dienstverlenend, personeel. Zijn idee vond ik zo gek nog niet en ook ik wil een aantal spreuken, zegswijzen, uitdrukkingen en gezegden aandragen, die voor gastheren of contactfunctionarissen van belang kunnen zijn bij de omgang met anderen c.q. gasten.

Het belangrijkste is wel, dat zij een algemene waarheid bevatten, die van belang zijn met de uitvoering van ons werk en beroep.

Wat er ook gebeurt, praat er niet over. Gemorst water kan men moeilijk oprapen
Allen vertrouwen is evenzeer een fout als niemand vertrouwen
Geniet van de gewone dingen en je bent de koning

te rijk
- # Zeg niet zomaar wat, zeg de waarheid
- # Elkaar de hand reiken is goed, elkaar het hart reiken is beter
- # Het is beter klachten te voorkomen dan om ze te behandelen
- # Linkse gasten, rechtse gasten. Het zijn voor ons allemaal gasten
- # "The guest is always right" (De gast heeft "altijd" gelijk)
- # Spioneer niet in andermans leven
- # EIS-tijdperk ? Je gaat er aan dood
- # Kruip niet weg als men je nodig heeft
- # Een mens houdt in de massa op "mens" te zijn en wordt meer dan een echoput met het risico dat hij zichzelf verdrinkt
- # Ze moesten dit ...., ze moesten dat .... Doe zelf wat !
- # Vele problemen lost men op door een nacht goed te slapen
- # Bloemen van geluk dien je zelf te planten
- # Houd op met klagen, help dragen
- # Beginnen kan ik, volharden wil ik, volbrengen zal ik
- # Wat en wie zijn wij zonder anderen ?
- # Ziet, eten daar de grote vissen de kleinen niet ?
  Och, dat heb ik al zo lang geweten, dat de groten de kleinen eten
- # Dorens en distels steken zeer, maar valse tongen nog veel meer
- # Als je niet kenne wat je wille, dan moet je wille wat je kenne
- # Ieder mens heeft zo z'n eigen handicap
- # Wie nóóit lacht is arm
- # Doe niet geleerd, zelfs niet als je iets geleerd hebt

\# Je bent nóóit te oud om iets af te leren
\# Pas op, brutale rakker ! Vroeg op, maar toch laat wakker. Iedereen heeft recht op zijn eigen mening. Zolang ze maar doen wat **ik** zeg, want **ik** schreeuw het hardst
\# Wij zullen zoveel doen in de tijd die komt ......
Maar zeg, wat deden wij vandaag ?
Wij zullen van het onze zoveel geven ....
Maar zeg, wat gaven wij vandaag ?
Wij zullen blijdschap wekken en tranen drogen ......
In harten storten nieuwe hoop ......
Vertroosting brengen door ons spreken ......
Maar zeg, wat spraken wij vandaag ?
\# Ook een vuile tong verpest het leefklimaat
\# Ik werk hier op deze plaats. Wat kan ik beter wensen, dan de goede gaven van God en de gunst van vele mensen
\# Wegen naar vrede lopen niet langs straten van geweld
\# Wees nóóit met twee tegelijk kwaad. Wacht jij tot morgen ......
\# Wie de zon heeft kan veel missen
\# Een aardige momentopname : Jouw glimlach
\# Alles wat is, kan pas beoordeeld worden, als men weet, hoe het geworden is
\# Buig op tijd, dan blijf je soepel
\# Het ware te wensen..... Dat alle mensen ...... Voordat ze spreken ... Zichzelf bekeken .... Dan pas zouden ze het praten van anderen wel laten
\# Wat wordt een menig mens belasterd en belogen
Van vuile roddelaars, die zelve en niet dogen.
Laat appelen bloeien en wortelen groeien.
Laat ieder zich met zijn eigen bemoeien
\# Wellevendheid is deugd of poppenkast

- # Je moet niet werken om het werk waarvan je houdt, maar je moet houden van het werk wat je doet
- # Een kletskous praat over anderen. Een vervelend iemand praat over zichzelf. Een goed causeur praat over jou
- # Wat gij niet wilt dat U geschiedt, doe dat dan ook een ander niet
- # Ik ben een klein ding, ik kost niets, ik ben meer waard dan goud. Ik open deuren, ik open harten, ik schep goodwill. Ik schend geen wet en niemand veroordeelt mij. Ik ben bij iedereen welkom. Ik ben **beleefdheid**
- # Een spin die weeft haar web om er vliegen mee te vangen. De grote vliegt er door heen, maar de kleine die blijft hangen
- # Grote stelen, kleine stelen, maar groten stelen het meest
- # Begin de dag nóóit met de scherven van gisteren
- # De tijd heeft grote kracht. Door tijd wordt veel gedaan. Toch mist de tijd één ding : Hij weet niet stil te staan
- # Hou van mensen zoals ze zijn
- # Wij zijn geneigd zeer streng te zijn bij het beoordelen van anderen, terwijl wij zelf geen advies van anderen accepteren
- # Een goede naam is als porselein
- # Geef mij de berusting om de dingen te aanvaarden, die ik niet kan veranderen ;
- # De moed om de dingen te veranderen die ik kan veranderen ; De wijsheid het een en ander te onderscheiden
- # Immer voorwaarts snelt het leven. Ook de jonkheid blijft niet staan. Iedere dag die wij beleven, is een deel van ons bestaan. Laten we dus weltevreden

ieder uur des levens goed besteden
Wie weet van mij en de mijnen, die ga naar huis en bezie de zijnen. En vindt hij daar geen gebreken, dan mag hij van mij en mijnen spreken

TOT SLOT ....

De afstand die de oude waard en de moderne hotelmanager scheidt, omvat een omvangrijk historie. We vinden een gezellige sfeer wanneer wij terugkeren tot het punt van de onzelfzuchtige gastvrijheid en het gastheerschap van de oude tijd, doch de oudste geschiedenis van gastvrijheid en gastheerschap herhaalt zich steeds weer, ondanks de enorme modernisering van het nationale en internationale hotelwezen, die ons doen duizelen van efficiency, van comfort en vaak ook van een verstikkende eenvormigheid.

Niemand kan vertellen waar het naar toe gaat, maar gastvrijheid en gastheerschap zullen altijd blijven.

Het fundament van gastvrijheid en gastheerschap blijft. Het inzicht verandert en het hotelwezen en de manier van bedrijfsvoering zullen daar niet aan ontkomen zolang er gasten zijn.

Als we in vogelvlucht de hotelgeschiedenis bezien, dan dienen we ons toch wel eens te bedenken hoe dankbaar we mogen zijn wat we in de afgelopen jaren hebben bereikt.

Ongetwijfeld zal er nog veel mankeren, doch laat men voorzichtig zijn met het verlangen naar die zogenaamde "goede oude tijd", waar men de illusie van gastvrijheid en gastheerschap zoekt.

BIJLAGEN

Voorbeeld van gebarentaal voor doven

Met gebarentaal voor doven kunnen doven, slechthorenden, mensen met een spraakbeperking en andere niet dove mensen met elkaar communiceren. Het is dan ook belangrijk dat het nationale en internationale horecabedrijf zich dan ook o.a. toelegt op deze vorm van communicatie

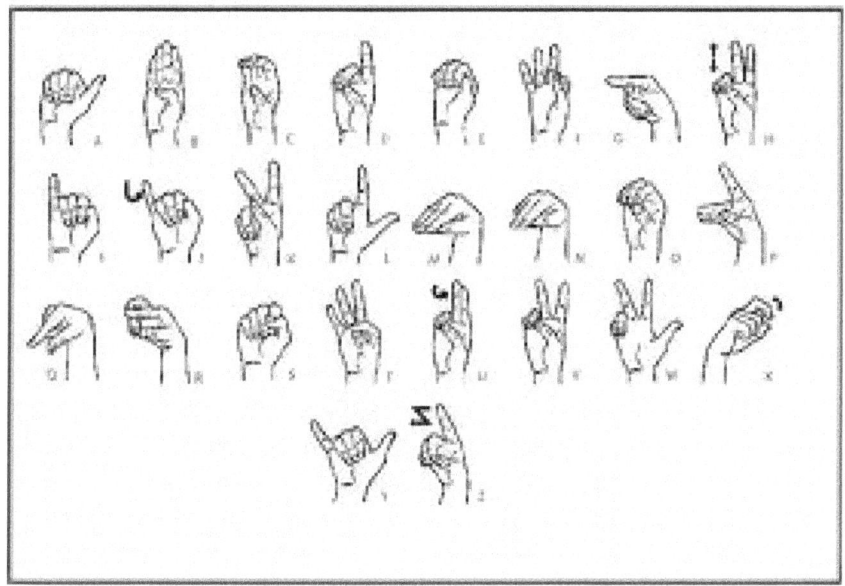

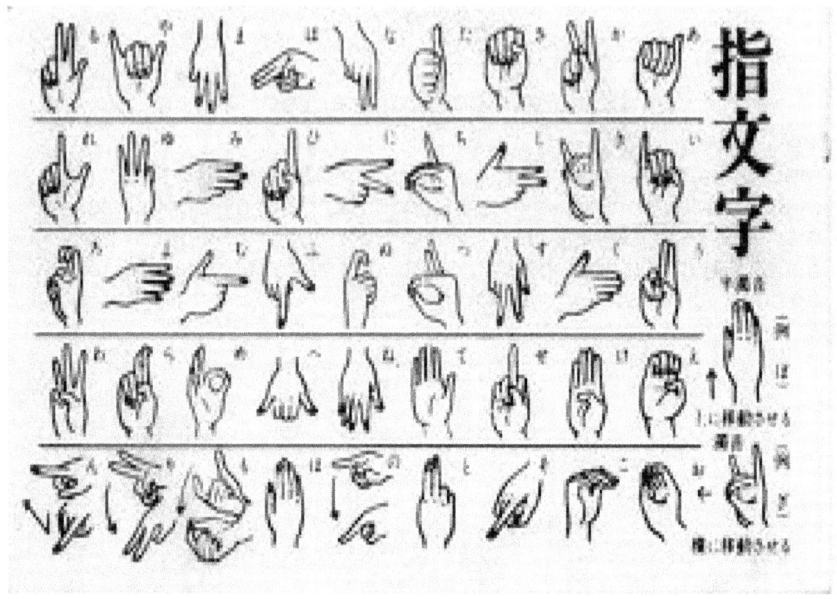

Voorbeeld van het brailleschrift voor blinden

Voor mensen met gezonde ogen is het heel gewoon dat ze de wereld om zich heen kunnen zien. Maar er zijn ook mensen die niet kunnen zien. De wereld om hen heen is donker. Door een ziekte of een ongeluk zijn zij blind geworden. Blindheid kan ook erfelijk zijn. Omdat blinden hun ogen of hun zicht moeten missen gebruiken ze hun oren heel goed, maar ook hun neus en handen. Vooral hun vingertoppen zijn dan ook heel gevoelig. Blinde mensen kunnen 'lezen' met hun vingers. Daar gaat uiteraard een gedegen oefening aan vooraf. Het is daarom dan ook heel belangrijk dat het nationale en internationale horecabedrijf zich dan ook toelegt op deze groep gasten en het brailleschrift invoert op prospectussen en restaurantkaarten

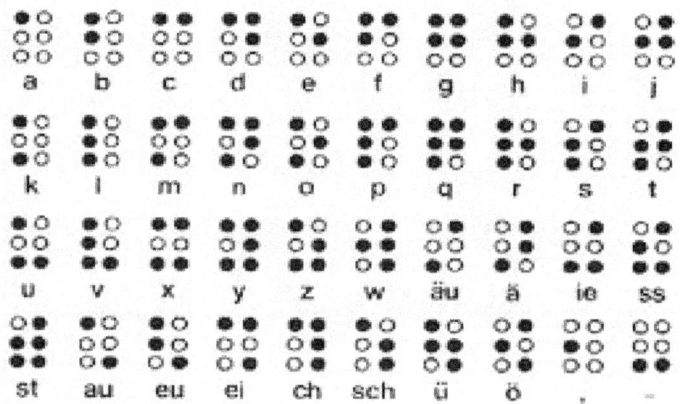

Peter Joh. M. Zuidweg is geboren in 1940 en was werkzaam in eerste klas hotels en restaurants en later actief als vakleerkracht 'houding- en omgangsvormen' ,'gastvrijheidskunde', 'dienstverlening' en 'praktische en theoretische serveerkunde'. Hij was vele jaren examinator bij diverse vakopleidingen en in zijn loopbaan heeft hij veel aandacht besteed aan vele omgangsvormen die in het nationale en internationale horecabedrijf voorkomen. Ieder heeft wel herinneringen in de omgang met bijzondere mensen met hun eigen bijzonderheden, eigenschappen, mogelijkheden en onmogelijkheden en met hun plus en minpunten.
Wat aanleg, instelling en persoonlijke aanleg betreft, stelt elk handwerk onafwendbaar zijn eisen, ook die van het dienstverlenende beroep.
Personeel en management kan daarom voor een horecabedrijf veel goed maken, maar ook veel bed erven.
In het boekje 'Gastvrij in hotel, café en restaurant' wordt nader ingegaan op deze vorm van gastvrijheid en hoe men daarmee dient om te gaan

www.ingramcontent.com/pod-product-compliance
Lightning Source LLC
Chambersburg PA
CBHW072228170526
45158CB00002BA/802